너라도 끝까지 걸어야 한다

## 너라도 끝까지 걸어야 한다

2016년 8월 2일 교회 인가
2016년 10월 4일 초판 1쇄 펴냄

**지은이** · 최강
**펴낸이** · 염수정
**펴낸곳** · 가톨릭출판사
**편집 겸 인쇄인** · 홍성학
**디자인 자문** · 이창우
**편집장** · 이현주
**편집** · 김은미, 정주화
**디자인** · 강해인
**마케팅** · 강시내

**본사** · 서울특별시 중구 중림로 27
**지사** · 경기도 고양시 일산동구 노첨길 65
**등록** · 1958. 1. 16. 제2-314호
**전자우편** · edit@catholicbook.kr
**전화** · 1544-1886(대) / (02)6365-1888(영업국)
**지로번호** · 3000997

ISBN 978-89-321-1460-6 03230

값 12,000원

© 최강, 2016

**인터넷 가톨릭서점** http://www.catholicbook.kr
**직영 매장** 명동대성당 (02)776-3601, 3602/ FAX (02)776-1019
　　　　　가톨릭회관 (02)777-2521/ FAX (02)6499-1906
　　　　　서초동성당 (02)313-1886
　　　　　서울성모병원 (02)2258-6439, (02)534-1886/ FAX (02)392-9252
　　　　　절두산순교성지 (02)3141-1886/ FAX (02)3141-1886
　　　　　분당성요한성당 (031)707-4106
　　　　　미주지사 (323)734-3383/ FAX (323)734-3380

가톨릭의 모든 도서와 성물을 '인터넷 가톨릭서점'에서 만나 보실 수 있습니다.

이 도서의 국립중앙도서관 출판 예정 도서목록(CIP)은 서지정보유통지원시스템 홈페이지(http://seoji.nl.go.kr)와 국가자료공동목록시스템(http://www.nl.go.kr/kolisnet)에서 이용하실 수 있습니다(CIP제어번호: CIP2016020993).

성경 © 한국천주교중앙협의회

이 책의 한국어판 저작권은 (재)천주교서울대교구 가톨릭출판사에 있습니다.
저작권법에 의해 한국 내에서 보호를 받는 저작물이므로 무단 전재와 무단 복제를 금합니다.

# 너라도 끝까지 걸어야 한다

멕시코 선교 사제
최강 신부가
당신에게 온통 희망을 겁니다

최 강 지음

가톨릭출판사

세월호 유가족과 희생자들을 위해,
특별히 밤하늘의 별이 되어 빛나고 있는 아이들이
엄마 품에서 못 이룬 꿈을 하늘에서나마 이루기를 기도하는
간절한 마음으로 이 책을 바칩니다.

머리말

## 우리가 걸어야 할 길

 마야 원주민들의 땅 멕시코 캄페체에서 선교 사제로 살아가던 어느 날, '와야몬Uayamon'이라는 원주민 마을에서 피정을 한 적이 있습니다. 인터넷은 물론 휴대전화 신호도 잡히지 않는 그곳은 주민 몇십 명이 사는 작은 마을이었습니다. 인터넷과 전화 연결이 끊어지니까 처음에는 말로 설명하기 힘들 만큼 낯선 단절감이 들더군요. 하지만 시간이 흐를수록 편안한 마음이 들었습니다. 마치 홀로 지낼 수 있는 공간을 찾아 기도하러 떠나신 예수님을 만나는 듯했습니다. 일주일간의 피정은 제게 고요한 단절 속에서 '고독과 결핍'을 체험할 수 있는 은총의 시간이 되었습니다.

 '고독과 결핍!' 현대인들은 여러 가지 수단을 통한 복잡한 인간관계 그리고 자본주의의 이윤 추구와 맞물려 쏟아지는 물질적 풍요에 익숙해져 있기에 그들에게는 이 말이 다소 부정적인 의미로 들릴지 모르겠습니다. 하지만 그렇지 않습니다. 오히려 좋은 인연과 더욱 아름다운 관계를 맺으려면, 적당한 소유를 통해 '지금, 그리고 여기'에서 더욱 큰 만족감을 느끼려면 우리는 고독과 결핍을 찾아야만 합니다. 누군들 고독을 원하는 사람이 있겠습니까? 얼마를 가진들 다 가졌다 만족할 수 있겠습니까? 하지만 철저하게 고독한 자만이 하느님의 현존을 온몸으로 체험할 수 있고, 온전히 가난한 마음으로 세상을 바라본 사람만이 지금 자신의 존재만으로도 얼마나 풍요로운지를 깨달을 수 있습니다.

자본의 자유로운 이동이 가능해지면서 신자유주의적 발상과 전략은 어느새 거대한 물결처럼 세상 곳곳을 휩쓸며 지나고 있습니다. 그래서 겉으로 보기에는 우리 인류 사회가 역사상 그 어느 때보다도 풍요로운 세상을 살아가는 듯 착각이 들기도 합니다. 그러나 그 풍요의 이면에 존재하는 빈부의 극단적 양극화, 불황과 실업, 환경 파괴와 인간적 가치의 상실 등의 부작용 속에서 사람들은 신음하며 고통스러워합니다. 세상이 이렇게 불행하다고 외치며 절망할 때 교회는 세상을 껴안으며 위로하고 행복을 이야기하면서 다시 희망과 감동을 보여 주어야만 합니다. 그렇지만 과연 우리 가톨릭교회는, 특별히 한국 교회는 이 시대의 세상과 사람들을 향하여 희망을 주는 교회입니까? 과연 한국 교회의 그리스도인들은 그들의 삶을 통해 이 시대에 위로와 감동을 전해 주고 있습니까?

선교 사제의 길을 나아가는 저는 위에 던진 질문들에 대해 한없이 부끄러움을 느끼면서 제가 걸어야 할 길을 생각해 보았습니다. 거룩한 주님의 교회의 부족한 종으로서 교회의 길, 사제의 길, 신앙인의 길을 다시 찾으려 밤을 새웠습니다. 그런 끝에 아브라함과 예수님의 제자들이 주님의 부르심 앞에서 보여 준 '고독과 결핍'의 길에서 다시 희망을 만났습니다.

신앙의 아버지 아브라함은 떠나라는 부르심을 받고서 어디로 가는지도 모르는 채 주님에 대한 믿음으로써 길을 떠났습니다(히브 11,8 참조). 예수님께서 호수에 그물을 던지고 있는 제자들을 보시고 "나를 따라오너라."라고 이르시자 그들은 곧바로 그물을 버리고 예수님을 따랐습니다(마르 1,16-20 참조). 어디로 가는지도 모르는 채 오로지 믿음으로써 떠나는 고독한 길, 생존에 가장 소중한 그물을 버리고 주님을 따르는 결핍의 길을 걸어가는 것이 신앙입니다. 더 사랑하기 위해서 더 홀로 있고, 더 가지기 위해서 더 버려야만 하는, 사랑과 존재에 대한 이 역설의 길을 떠나는 것이 인생입니다.

하느님 안에서 '고독과 결핍'을 추구한다는 것! 이는 결코 쉽지 않은 선택입니다. 그러나 어려우면 어려울수록 그 길에서 삶과 신앙의 깨달음을 더 깊이 만날 것입니다. 고독과 결핍의 길을 의지적으로 선택하면서 살아가다 보면 어느새 그동안 잊고 살았던 행복 안에 서 있는 자신을 발견할 것입니다.

아무도 걸어가지 않는 길, 모두 멈추어 서 버린 그 길을 한 걸음 또 한 걸음 쉬지 않고 걸어가야만 하는 것이 교회와 그리스도인들의 소명입니다. 이 책은 그러한 소명에 대한 한 선교 사제의 고민과 반성을 담은 단상입니다. 부디 이 시대가 거룩한 주님의 교회와 우리 신앙인에게 부여하는 소명을 깨우치는 데 이 책이 조그마한 도움이 되기를 바랍니다. '교회여, 그리고 그리스도인들이여! 너라도 끝까지 너의 길을 걸어야 한다!'

2016년 8월 10일<br>
한국외방선교회 성북동 본부에서 최강 신부

머리말
우리가 걸어야 할 길 · 5

제1장
갈비탕 배달 왔어요!

사랑하다가 죽어 버려라 · 15
엘다 할머니가 고해소를 닦는 이유 · 22
인연은 허망하고 사랑은 어리석다 · 26
단장지애 · 30
갈비탕 배달 왔어요! · 33
딱 걸렸네 · 37
첫 고해성사는 이렇게 · 41
공정한 평등 · 45
자비의 문 · 49
촌티가 좋아 · 53
왜 저를 약하게 만드셨나요? · 57
귀는 두 개, 입은 하나 · 61
푸드 마일리지 · 64
꼬깃꼬깃 접힌 50페소 두 장 · 68
잘 놀다 갑니다 · 72
슬리퍼에게 작별을 고하며 · 76
문어 라면과 사모곡 · 80
미개, 아직 열리지 않은 삶 · 84
사랑의 혁명은 현재 진행형 · 88
두 개의 수레바퀴처럼 · 93
라 쿠카라차 · 97

감정의 내공을 쌓으려면 · 101
수인의 기도 · 105
송양지인 · 109
잉여에 집착하지 마세요 · 112
달빛이 창문을 두드릴 때 · 116
신사의 조건 · 119

제2장
## 사람답게 사는 게 꿈이라니요

당신이 교회입니다 · 125
롤 모델, 함제도 신부님 · 128
종교가 선택인 시대의 신앙 · 132
빗자루 구원 · 136
너와 나는 행복을 잊어버렸다 · 139
사람답게 사는 게 꿈이라니요 · 142
너라도 끝까지 걸어야 한다 · 146
어묵을 놓고 추억을 먹다 · 150
에베레스트 · 154
역사란 무엇인가? · 158
옴니부스 옴니아 · 162
이태석 신부님을 그리며 · 166
기적의 주인공이 되는 방법 · 170
이판과 사판 · 174
인걸은 간데없네 · 179
자기 인식과 고독에 대하여 · 183
종말의 시작 · 187

뜻밖의 횡재 · 191
당신을 안아 드리겠습니다 · 195

제3장
## 돌아갈 집이 있는 행복

알았으면 안 했어 · 201
하루에 10분 · 205
비 오는 날의 커피 한 잔 · 209
호기심과 두려움 · 213
로베르토와 미겔에게 · 217
돌아갈 집이 있는 행복 · 221
부에노스 디아스, 에르마노스 · 225
생활의 달인 · 229
소중한 것은 쉽게 얻어지지 않는 법 · 233
인생의 목적 · 236
신앙과 공존할 수 없는 것 · 240
씨베르 축복식 · 243
예수님은 메시아가 아니었다 · 247
영원이 당신 안으로 들어갈 때 · 251
행위의 근원과 목적 · 255
바람 속에서도 풀은 다시 일어나고 · 258
바람에 날린 꽃씨 하나처럼 · 262
만물유전 · 266
시간의 밖으로 뛰쳐 나가라 · 270
거선지 · 274

## 제1장

# 갈비탕 배달 왔어요!

## 사랑하다가 죽어 버려라

"첫사랑! 늙고 병들어서 영혼의 빛깔까지 회색빛으로 바래가도 잊지 못할 사랑이 첫사랑입니다.

사랑이라는 이름으로 부르고는 있지만 한 번도 서로를 제대로 안아 보지도, 쓰다듬어 보지도 못한 안타까운 사랑이 첫사랑입니다.

그때는 그것이 사랑인 줄도 모르고 스쳐 지나갔지만 시간이 흐를수록 내 생애 가장 순수하고 열정적이고 헌신적이었던 때라고 회상하기 때문에 첫사랑입니다.

내가 그를 배신했었는지, 그가 나를 배신했었는지, 이도저도 아니라면 배신이라고 부를 수조차 없었던 스쳐 지나가는 인연이었는지가 모호한 사랑이 첫사랑입니다.

그런데도 한편으로는 잘 지내 왔는지, 잘 살아가는지 묻고 싶지만 애써 모른 척 고개를 돌리고 마는 아픈 사랑이 첫사랑입니다.

이루어지지 않았기에 첫사랑이라 이름 지어 부르고 과거형 동사를 써 가며 추억의 저편으로 밀어내고 있지만, 오늘도 이렇게 마음 한구석에서 봄날 아지랑이처럼 아련히 피어오르기 때문에 첫사랑입니다."

《실패하니까 사람이다》에 선교지로서 첫사랑이었던 중국을 떠나오던 날을 기억하며 썼던 글로 여러분께 인사를 대신하면서 선교지에서의 제 삶과 사랑을 나눠 보도록 하겠습니다. 제가 첫사랑에 대한 추억으로 이 글을 시작한 까닭은 지금 제가 다시 한 번 첫사랑을 배신하고 다른 사랑으로 넘어가는 단계에 있기 때문입니다.

2016년 1월 24일 오후 6시에 저는 지난 5년 동안 온 마음과 영혼을 바쳐 사랑했던 성 프란치스코 본당에서 마지막 미사를 거행했습니다. 선교 사제로서 처음으로 맡은 본당이었기에 그곳 공동체와 신자들을 향한 사랑이 뜨거울 수밖에 없었던 곳입니다. 또한 이곳은 내년 5월 23일이면 아메리카 대륙에서 최초의 프란치스코회 선교사들이 첫 미사를 봉헌한 지 500주년을 맞이하는, 선교사宣敎史에서 깊은 의미를 간직하고 있는 본당입니다.

그토록 사랑했던 성 프란치스코 본당과 신자들을 떠나는 일은 걱정했던 것과는 달리 허무할 정도로 쉽게 끝났습니다. 마지막 미사의 끝부분에 성당을 꽉 메운 신자들이 일제히 일어나서 국화꽃을 흔들며 사랑의 노래를 불러 주셨을 때 미사 내내 꾹꾹 눌러 참아 왔던 눈물이 터져 버려 조금, 아주 조금 모양이 빠지기는 했습니다. 그래도 첫사랑을 배신하고 떠나는 일은 생각했던 것만큼 고통스럽지 않았습니다.

제가 '첫사랑 성 프란치스코 본당을 배신했다.'라는 표현을 쓰는 이유는 이미 일 년 전부터 이곳 주교님께 다른 본당으로 보내 달라고 요청했기 때문입니다. 물론 본당 신자들은 까맣게 모르는 일이었지요. 제가 일 년이 넘도록 주교님께 더 가난하고 선교적인 분위기의 시골 본당으로 보내 달라고 요청한 이유는 간단합니다. 캄페체 시내 한복판에 위치해 있고, 500년이라는 역사를 자랑하는 '성 프란치스코 본당'에서 사목하기를 원하는 교구 소속 신부님들은 넘쳐나지만, 가난한 시골 본당으로 기꺼이 떠나고자 하는 현지 신부님들은 여전히 부족하기 때문입니다. 한국외방선교회 회원으로서 사제를 통해 그리스도의 현존을 더욱 깊고 간절하게 느끼고자 하는 형제자매들이 있는 곳으로 떠나가는 일은 너무나 자연스러운 일입니다. 그리고 지난 5년 동안 제 마음과 영혼을 바쳐 열렬히 사랑했기 때문에 성 프란치스코 본당을 떠나며 봉헌하는 마지막 미사가 그다지 고통스럽지 않았습니다. 역시 사랑을 하려면 정호승 시인의 시어(詩語)처럼 해야 한다는 것을 다시 한 번 온몸으로 깨닫게 되었습니다.

"그러므로 사랑하다가 죽어 버려라!"

드디어 지금 이 글을 쓰고 있는 2016년 2월 3일이 밝았습니다. 오늘 오후 7시에 하느님께서 주교님을 통해 주시는 새로운 미션이 시작됨을 알리는 본당 신부 서임 미사가 봉헌됩니다. 제가 새로 맡게 될 본당은 '화합, 조화'라는 뜻을 가진 '콘코르디아'라는 지역에 있는 본당입니다. 본당은 캄페체 시 동남쪽 끝자락에 위치해 있고 공소들은 일자리를 구하기 위해 시내로 몰려온 빈민들이 모여 사는 지역에 위치해 있습니다. 그 형제들은 도로 포장도 안 되어 마른 흙먼지만 풀풀 날리는 곳에 나무를 엮거나 블록을 대충 쌓아서 지은 허름한 집에서 삽니다.

뜨거운 태양과 비를 간신히 피해 살아가는 것입니다. 공소들 역시 벽돌을 몇 장 쌓아서 올린 담벼락에 지붕을 얹어 놓은 것이 전부입니다. 본당의 외형적 분위기만 놓고 말하자면 성 프란치스코 본당과 이곳 콘코르디아 본당은 그야말로 하늘과 땅만큼 차이가 나는 것 같습니다.

콘코르디아 본당으로 옮기라는 소식을 듣고 지난 3주 동안 제가 한 일은 본당 신부가 거처할 방을 마련하는 일이었습니다. 사제관에 방이 있기는 한데 그곳은 이미 보좌 신부가 사용하고 있기 때문에 사제관 건물에 붙어 있는 창고를 방으로 만들어야 했습니다. 옷장과 세면대와 샤워 시설도 새로 설치하고 빛이 더 많이 들어오도록 벽을 뚫어 창문을 새로 냈습니다. 방을 준비하는 일은 서임 미사를 하루 앞둔 어제야 비로소 끝났습니다. 쓸고 닦고 치우는 일을 모두 끝낸 뒤에 맨 마지막으로 한 일은 제 방 한가운데에 달린 십자고상에 태극기와 멕시코 국기를 거는 일이었습니다. 예수님의 양손에 제 첫 번째 조국과 두 번째 조국을 함께 걸어 놓은 셈입니다. 제가 손수 마련한 이 방이 제게는 여느 5성급 호텔의 최고급 스위트룸보다도 더 편안하고 정이 갑니다.

며칠 전 본당의 현황을 미리 파악하기 위해 단체장들을 소집하여 간단한 회의를 했습니다. 회의가 끝나 갈 무렵 한 자매님이 질문을 던졌습니다.

"파드레 에스테반! 성 프란치스코 본당 신자들은 신부님 보고 '파드레 구아포(잘생긴 신부님)'라고 부른다는데 저희들도 그렇게 불러도 되나요?"

저는 그 이름은 오로지 성 프란치스코 본당 신자들에게만 유보된 것이라 안 되니까 정 원하면 다른 애칭을 찾아보라고 했습니다. 단체장들이 잠시 수군거리더니 이렇게 말했습니다.

"파드레! 우리는 '파드레 구아피시모(아주아주 잘생긴 신부님)'라고 부르기로 결정했습니다."

저는 제 새로운 본당에서 '파드레 구아피시모'로 살아갈 것입니다. 저를 아시는 분들은 지금쯤 기가 막혀서 말이 안 나온다는 표정을 하고 계시겠지만 제가 마야 원주민 지역에서는 좀 통하는 얼굴이니 이해해 주시기를 청합니다.

이제 두 시간 후면 저는 주교님과 동료 신부님들과 함께 본당 신부 서임 미사에 들어갑니다. 언제나 새로운 사랑을 앞에 두고 있노라면 저는 두렵고 떨리는 마음으로 홀로 서 있다는 느낌이 듭니다. 아직 새로운 사랑이 낯설게만 느껴지기에 팽팽한 긴장감을 떨칠 수가 없습니다. 하지만 저는 지금 이 순간

매우 행복합니다. 하느님의 명을 받들어 정든 첫사랑 성 프란치스코 본당을 떠나와 이곳 콘코르디아 본당에서 다시 선교의 힘찬 발걸음을 내딛는 것은 제게 영광입니다. 이제 그 영광을 겸손하게 제 마음 안에 새겨 모시고 '하느님의 더 큰 영광을 위하여' 감히 새로운 선교의 여정을 시작하려 합니다.

요즘 스스로 묻고 스스로 답하는 화두가 있습니다.

"선교란 무엇일까요?"

"선교는 사랑의 다른 이름입니다."

사랑이 아니라면 왜 예수님께서 성부를 떠나 인간의 역사에 투신하셨겠습니까? 사랑이 아니라면 왜 예수님께서 십자가에 못 박혀 목숨을 봉헌하셨겠습니까? 목숨을 바치는 예수님의 사랑이 거룩한 교회가 행하는 모든 선교 활동의 원형이자 모범이며 해답입니다. 그러므로 사랑이 전부입니다. 그렇기에 저는 이 시어를 복음처럼 믿습니다.

"사랑하다가 죽어 버려라!"

"말과 혀로 사랑하지 말고 행동으로 진리 안에서 사랑합시다."(1요한 3,18)

## 엘다 할머니가 고해소를 닦는 이유

매달 첫 번째 금요일은 본당 신자들과 함께 한 시간 동안 '거룩한 침묵의 시간'을 보냅니다. 7월의 첫 번째 금요일인 어제 역시 본당 신자들과 그러한 시간을 보냈습니다. 저는 저녁 7시에 미사를 마치고는 일 년 동안 본당 사목을 돕다가 떠나시는 수녀님 세 분을 배웅했습니다. 그런 다음 아직 신자들이 도착하기 전에 성시간을 준비하려고 텅 빈 성당으로 다시 들어갔습니다. 그런데 그때 엘다 할머니가 고해소를 닦는 모습이 보였습니다.

엘다 할머니는 1년 365일 성당에 오셔서 미사를 드리는 분입니다. 그런 엘다 할머니가 성당에 오면 꼭 하는 일이 하나 있습니다. 집에서 깨끗이 빨아서 가져온 걸레로 고해소를 정성스럽게 닦는 일입니다. 항상 미사 전에 닦았는데 제가 "힘드니까 하지 마세요."라고 말린 뒤부터는 아무도 없는 시간에 몰래 닦는 것입니다.

할머니가 고해소를 닦는 사연은 참으로 눈물겹습니다. 할머니에게는 '베로니카'라는 따님이 있었는데 암으로 아주 오랫동안 투병하다가 작년에 하느님 품으로 돌아갔습니다. 그녀가 할머니와 이별하기 전에, 저는 그 가족의 초대를 받아 마지막 고해성사와 병자성사를 드렸습니다. 엘다 할머니와 함께 병원으로 가서 베로니카 자매님이 마지막 순간에 하느님과 화해의 시간을 거룩하게 보낼 수 있도록 이끌어 주었지요.

따님의 장례 미사를 마치고 그다음 날부터 엘다 할머니는 고해소를 닦기 시작하였습니다. 하루도 빼놓지 않고 할머니가 젊은 사제가 지키는 고해소를 정성 들여 닦자, 그 모습을 보고 배운 다른 자매님들도 자발적으로 강론대와 제대를 비롯해 성당 구석구석을 닦기 시작했습니다. 어느 날 제가 할머니께 한번 여쭈어 봤습니다.

"도냐 엘디타! 이렇게 매일 고해소를 닦아 주셔서 고맙습니다. 하지만 힘드시니까 이제 그만하셔도 돼요."

"파드레 에스테반! 당신은 내 딸이 떠나가기 전에 마지막으로 그녀의 고해성사를 들어 준 사제입니다. 고해성사를 마친 뒤에 딸이 아주 편안한 얼굴로 떠나는 모습을 내 눈으로 똑똑히 봤어요. 어미로서 베로니카를 대신해서 할 수 있는 일이 무엇일까 생각했었는데 그때 먼지가 뿌옇게 앉은 고해소가 눈에 들어왔지요. 그리고 '아! 베로니카가 하고 싶은 일이 바로 이 고해소를 닦는 일인가 보구나.' 생각했어요. 저는 전혀 힘들지 않아요. 신부님, 이곳을 닦을 때 저는 너무 행복합니다. 그러니 제 힘이 닿을 때까지 신부님의 고해소를 제 손으로 닦고 싶어요. 허락해 주세요."

딸을 먼저 보낸 연로한 할머니가 딸을 대신해서 하고 싶은 일을 찾아 이렇게 부탁하는데 누가 거절할 수 있겠습니까? 이러한 엘다 할머니를 보면서 저는 가끔 제가 사랑하는 사람들이 만약 지금도 제 곁에 계속 있다면 무엇을 하고 싶을지 생각해 봅니다. 그리고 한 번씩 그 일을 제가 대신 해 보려 합니다. 그러면 이미 강 건너 다른 세상으로 떠나간 사랑하는 사람에게 줄 수 있는 가장 큰 선물이 될 것이라는 생각이 듭니다. 겨우 하루에 10분이면 되는 일인 걸요.

저는 할머니가 깨끗이 닦아 놓은 고해소에 앉아서, 영혼을 깨끗이 닦고자 하느님과 화해하기를 청하는 친구들을 맞이합니다. 그리고 고해를 청하는 사람들을 기다리며 세 가지 단어를 반복해서 읊지요. "디오스 데 라 미세리코르디아(Dios de la Misercordia, 자비로우신 하느님)!", "헤수스 데 라 콤파시온(Jesus de la Compasión, 우리를 불쌍히 여기시는 예수님)!", "옴브레스 데 라 베르다드(Hombres de la Verdad, 진리의 사람들)!" 그렇게 고해소에 있으면 제 영혼까지 맑아지는 기분을 느낄 수 있습니다.

## 인연은 허망하고 사랑은 어리석다

　인연에 대해서 자주 강론도 하고 글도 써 봤지만 오늘은 조금 무거운 마음으로 인연이라는 말을 꺼냅니다. 어제저녁 미사를 드리기 전에 우리 본당에서 함께 일하는 수녀님들의 총원장 수녀님에게서 통보를 받았습니다. 본당에서 수녀님들을 철수하기로 결정했다는 소식이었습니다. 이 글을 통해서 자세한 내막까지 다 다룰 수는 없지만, 아무튼 제게는 조금 당황스러운 통보였습니다. 나흘 전 총원장 수녀님이 소속 수녀님들을 사목 방문했는데, 그 방문 기간 중에 저와 의견을 교환할 때만 해도 이렇게 급하게 철수할 것 같지는 않았거든요.
　캄페체 주교님과 이미 이야기가 되었다는 말과 함께 우리 본당에서 철수하여 이웃 도시인 카르멘 시내에 있는 본당으로 옮기겠다고 했습니다. 가장 당황스러운 것은 연락 온 당일 저녁까지 인계를 다 하고 그다음 날 아침 9시에 철수하겠다는 말이었습니다. 모든 정황을 뒤로하고라도 이제 본당 축제가 일주일밖에 남지 않은 상황에서 이처럼 갑자기 철수해야 하는지가 의문이었습니다.

다음 날 아침, 미사를 마치고 본당에서 일하던 수녀님들을 제대 앞으로 모셔서 신자들에게 간단한 인사말을 해 주십사 부탁드렸습니다. 우리 본당에서 일하던 수녀님들이 흐르는 눈물 때문에 인사를 제대로 못하자 총원장 수녀님이 직접 마이크를 잡고 인사말을 대신 하였습니다. 당연히 갑작스러운 소식을 들은 신자들도 모두 의아해하는 표정이었습니다.

그러고는 오늘 아침 9시에 저는 수녀원 열쇠를 넘겨받고 인수인계 목록에 서명했습니다. 이 서명으로 수녀님들과 우리 본당 공동체의 인연은 '공식적'으로 종료되었습니다. 서명에 앞서 확인 작업을 하면서 열악하기 짝이 없는 본당 수녀원의 이곳저곳을 함께 돌아다니다 보니 미안한 마음이 가득했습니다. 수녀님들은 좁은 침실에서 침대 세 개를 옹기종기 붙여 놓고 생활하느라 그동안 얼마나 불편했을까? 부엌에는 텅 빈 채로 활짝 열려 있는 냉장고 하나밖에 없는 데다, 자주 단수가 될 때마다 아래층까지 내려가서 물을 길어 먹어야 했을 텐데 얼마나 힘들었을까? 허름한 비닐 봉투에 싼 이삿짐 속에는 당신들이 구입한 냅킨, 화장지뿐만 아니라 심지어는 채소와 과일까지 담겨 있었습니다.

저는 본당 신부로서 우리 본당에 파견된 수녀님들이 소속 수도원의 카리스마를 충실히 지키면서 행복하고 기쁘게 수도자로서 살아가도록 도와줄 의무가 있습니다. 한편 하느님의 사랑 안에서 본당 공동체가 일치와 조화를 이루기 위해서 수녀님들께 협조를 구하고 건의 사항이 있으면 마땅히 건의해야 하는 의무도 함께 지니고 있습니다. 글쎄요, 본당 신부의 어느 부분이 수녀원 측과 대립이 되어 이렇게 갑작스럽게 철수해야만 했는지 제 입장에서는 몹시 아쉽습니다. 물론 이렇게 서둘러 인연을 정리한 수녀원 측에서 보자면 아쉬움과 서운함이 더 클 수도 있겠지요.

지금 이 순간 불편하고 아쉬운 마음은 모두 다 내려놓고, 오로지 새로운 소임지에서 새로운 소명을 시작하는 수녀님들을 위해 기도합니다. 그분들이 하느님의 사랑 안에서 기쁘고 행복하게 수도자의 삶을 사시기를 온 마음으로 기도합니다. 언제나 인연이 다한 뒤에야 함께 지낼 때 더 잘 섬기지 못했음을 후회하는 사람이 여기 있습니다. 인연이 언제까지 이어질 것으로 생각하고 함께 있을 때 더 많이 사랑하지 못한 것을 후회하는 바보가 여기 있습니다. 인연이 이렇게 허망할 줄이야, 내 사랑이 이토록 어리석을 줄이야.

## 단장지애

이곳에서는 차 축복식이 끝나고 나면 신자가 지갑을 꺼내면서 "얼마를 줘야 하느냐?"라고 묻습니다. 이곳에 막 도착했을 때 저를 아주 곤혹스럽게 했던 장면입니다. "선교사들을 위해 주님의 기도 한 번 정성스럽게 봉헌해 주세요." 하고 말하고 얼른 그 자리를 뜨려고 하는데도 기어이 50페소(한화 4천 원 정도)나 100페소 정도를 손에 쥐여 줍니다. 공식적인 자리에서 몇 번씩이나 그런 경우에는 헌금함에 직접 넣거나 꼭 사제에게 주고 싶다면 미리 편지 봉투에 넣어서 준비해 달라고 부탁했는데도 지금까지 똑같은 상황이 벌어지고 있습니다.

어제도 땀에 흠뻑 젖어서 할머니들과 함께 흥겨운 길거리 미사를 봉헌하고 나오는데 할머니 한 분이 제게 바싹 다가와서 "땀을 많이 흘렸으니 얼른 콜라라도 한 캔 사서 마시세요."
라고 하며 꼬깃꼬깃 접은 지폐 한 장을 손에 쥐어 주었습니다.
사람들이 다 보는 앞이라 민망하기도 해서 극구 사양하며 떨
치고 나오려는데 할머니가 하는 말이 가슴을 후벼 파고 들어
왔습니다.

"제 딸아이가 생각나서 살 수가 없어요. 신부님에게 드리면
제 딸아이에게 주는 것이나 마찬가지일 것 같아서요. 딸 자식
을 잃은 어미의 마음이니 얼른 받아 주세요."

얼마 전 암으로 따님을 잃은 할머니의 이런 탄식을 듣고 어
찌 뿌리칠 수 있겠습니까? 고맙다는 인사를 수십 번 드리고 결
국 받아 왔습니다.

예로부터 부모가 돌아가시면 하늘이 무너지는 것과 같은
고통이 있고, 자식을 잃으면 창자가 끊어지는 슬픔이 있다고
했습니다. 단장지애斷腸之哀라는 사자성어로도 잘 알려진 말입
니다.

이렇게 따님을 잃은 슬픔에 잠겨서 성당에도 나오지 않는
할머니를 길거리 미사에서 만날 수 있었습니다. 할머니는 창
자가 끊어지는 고통 가운데서도, 따님의 마지막을 함께해 준
본당 신부에게 땀을 많이 흘렸으니 얼른 콜라를 사서 마시라

며 큰돈을 쥐여 주신 겁니다. 본당 신부 손에 쥐여 주면서 따님에게 용돈을 주는 마음이라도 느껴 보고 싶으셨던 게지요.

얼마 전 한국에는 눈에 넣어도 아프지 않을 자식이 죽어 가는 모습을 생중계로 지켜봐야만 했던 사람들이 있습니다. 바로 세월호 엄마들입니다. 저는 그들이 겪는 창자가 끊어지는 아픔을 조금이나마 이해할 것 같습니다. 그래서 그 엄마들이 고통스러운 울부짖음으로 하루하루 가슴이 무너지는 모습을 보면 껴안아 주고 싶습니다. 그 아픔을 조금이라도 나누고 싶습니다. 제가 할 수 있는 일이라면 무엇이라도 하고 싶습니다.

그리고 그들을 '자식 팔아 한몫 챙기려는 사람'이나 '사상이 불순한 사람'이라고 손가락질하는 이 세상에 참으로 측은한 마음이 듭니다. 이런 모든 이들을 위해 더 열심히 기도하겠습니다. 이 기도로 모두가 창자가 끊어지는 아픔을 조금이나마 함께 나눌 수 있었으면 좋겠습니다.

## 갈비탕 배달 왔어요!

캄페체에 치쿤구니아 열병이 창궐하고 있습니다. 우기에 많이 발생하는 열병이기는 하지만 올해만큼 심각한 적은 없었다고 합니다. 아마도 선거를 앞두고 전시성 사업으로 급하게 도로에 아스팔트를 다시 깔면서 하수구가 막히는 바람에 그리된 것은 아닌지 추측해 봅니다. 주변에 오염된 물이 고여 있으면 열병을 일으키는 모기가 번식하기 쉽기 때문입니다.

이제 20여 일 후면 성 프란치스코 성당에서는 첫 미사 498주년 기념 본당 수호성인 축제가 시작됩니다. 그래서 지금 본당은 한 달간 이어지는 축제를 준비하느라 정신이 없습니다. 특히 제대 양편으로 늘어선 사제단 좌석을 원목으로 복원하는 작업과 함께 뜨거운 날씨 때문에 불룩하게 일어난 타일 바닥을 교체하는 공사를 하고 있습니다.

　이럴 때 가장 절실한 사람이 움베르토 씨입니다. 그분은 제가 본당을 맡은 첫날부터 지금까지 본당의 세세한 사항을 확인해 가며 저를 도와 성당의 궂은일을 도맡아 해 주신 분입니다. 그런데 이렇게 가장 바쁠 때 움베르토 씨 역시 치쿤구니아 열병에 걸려서 성당에 나오지 못하고 있습니다. 치쿤구니아 열병에 걸리면 모기를 숙주로 하는 바이러스가 온몸의 관절에 침투하여 관절 부위를 구부리지도 펴지도 못합니다. 손가락도 오므리거나 펴지도 못할 만큼 퉁퉁 붓는데 그 통증이 말할 수 없이 고통스럽다고 합니다.

　움베르토 씨가 항상 제 곁에 있을 때는 그분의 도움이 이만큼이나 컸다는 것을 온전히 느끼지 못했습니다. 하지만 막상 그분이 없어 보니 그 고마움이 얼마나 컸는지 새롭게 다가옵니다. 오늘도 아침 7시부터 공사 인부들을 맞이하고 그분들이 필요로 하는 공사 자제들을 전해 주느라 바빴습니다. 일이 제대로 돌아가는 것을 확인한 후에 저는 움베르토 씨를 방문하기로 했습니다. 음식을 잘 챙겨 먹어야 열병을 이기는 데도 도움이 된다고 하기에 움베르토 씨가 평소 좋아하는 국물 요리를 배달해 주고 싶었습니다. 그래서 두어 시간 동안 푹 고아서

부들부들 연한 고기에 국물도 아주 맛깔나게 우러난 갈비탕을 준비했습니다. 거기에 달걀까지 풀어 넣으니, 제가 만들긴 했지만 참 훌륭한 보양식이 마련된 듯합니다.

선교사로 나와서 한국식 갈비탕을 배달해 보기는 처음입니다. 저의 깜짝 방문에 놀란 움베르토 씨가 구부정한 자세로 절룩거리면서 간신히 식탁에 앉아 갈비탕을 먹기 시작했습니다. 한국식 갈비탕이 멕시코 사람의 입에 잘 맞을지 걱정했는데, 괜한 걱정이었습니다. 꽤 많이 준비했는데도 움베르토 씨는 국물 한 방울 남기지 않고 싹 비우더군요. 정말 맛있게 잘 먹었다는 인사를 이미 수십 번 했는데 조금 전 또다시 문자 메시지를 통해 감사하다는 인사를 보내왔습니다. 저로서는 그동안 받은 은혜에 당연하게 보답한 것이었는데, 움베르토 씨의 입장에서는 본당 신부가 직접 요리까지 해서 배달 나온 것이 굉장히 고맙게 느껴졌나 봅니다.

우리 한국외방선교회의 창설자이신 고(故) 최재선 주교님의 창설 영성이 바로 '감사와 보은'입니다. 외국의 선교 사제들이 혹독한 박해의 시기에 순교를 무릅쓰고 조선 땅에 들어와 선조들의 신앙생활을 이끌어 주었으니 그들에게 감사하고 그 은혜를 갚는 것, 그것이 바로 우리가 오늘 머나먼 외국 땅에서 선교 사제로 살아가는 이유입니다.

   죽음을 무릅쓴 선배 선교 사제들에게 고마움을 어찌 다 갚을 수 있겠습니까? 하지만 은혜를 갚는다는 것이 꼭 받은 그만큼, 또는 그 이상으로만 갚아야 한다는 의미는 아닐 것입니다. 겨우 갈비탕 한 그릇 배달하는 행동이지만 그동안 입은 은혜에 보답하고자 하는 정성스러운 마음과 함께했기에 모든 이의 마음에 꽃같이 아름다운 기억이 될 수 있었던 것이 아닐까요?

## 딱 걸렸네

한국 사회는 술에 대해서 아주 관대한 사회라고 할 수 있습니다. 똑같은 범죄라도 술에 취해서 벌어진 일이라면 양형을 판단할 때 이를 참작해 주기도 하니까요. 물론 술, 담배를 죄악시하는 개신교도 있지만 우리나라 가톨릭교회에서는 술을 음식과 함께 나누는 것을 아주 자연스럽게 받아들입니다. 각종 모임이나 행사가 있을 때, 본당 신부와 신자들이 한자리에서 어울리며 막걸리나 소주를 마시는 일이 전혀 이상하지 않습니다.

하지만 이곳 캄페체에서는 술을 굉장히 부정적으로 생각합니다. 멕시코 전체가 같은 분위기지만 가난한 지역인 멕시코 동남부 지역은 특히 심해서 적어도 성당 구내에서는 맥주 한 모금도 용납되지 않습니다. 신부가 신자들과 함께 술을 마신다는 것은 상상도 할 수 없는 스캔들입니다. 술로 인한 문제가 워낙 빈번하고 심각한 탓에 생긴 분위기겠지요. 그러다 보니 일반 상점에서 포도주를 살 때마다 저는 다른 사람들의 눈치를 보지 않을 수가 없었습니다.

하지만 포도주 구입 작전의 서스펜스도 이제는 다 끝이 났습니다. 얼마 전에 캄페체에도 대형 주류 전문 판매점이 들어선 것입니다. 새로 문을 연 데다 거기서 일하는 사람들도 모두 외지에서 들어왔는지 저를 "파드레."라고 부르며 알아보는 사람이 한 명도 없었습니다. 오전에는 주류 판매점에 가는 사람도 거의 없어서 저는 오랜만에 아주 편안한 마음으로 포도주를 구입할 수 있었습니다. 그렇게 편안한 마음으로 몇 차례 다니다 보니 한 병씩 찔끔찔끔 구입하는 게 귀찮아지더군요.

결국 며칠 전에 멕시코산 '카베르네 소비뇽Cabernet Sauvignon' 중에서 제 입맛에 가장 잘 맞는 'XA'라는 상표의 포도주를 한 박스 구입하기로 마음먹었습니다. 한국에서 이 정도 품질의 포도주를 사려면 아마도 한 병에 2만 원 이상 줘야 할 텐데, 여기서는 한 병에 5~6천 원이면 충분했습니다. 그날따라 주류 판매점에 일반 고객이 몇몇 있어 마음이 두근거렸지만 다행히도 저를 알아보지 못해서 편하게 포도주를 한 박스 집어 왔습니다.

제가 계산대에서 막 계산을 치르려는 순간 가게의 점장이 제 곁으로 다가와서 말을 걸었습니다. 저는 속으로 포도주를 박스째 구입하는 고객에게는 뭔가 서비스가 있는 줄 알고 기대했습니다.

점장이 제게 말했습니다.

"파드레! 편안한 시간에 저희 가게 축복식을 좀 해 주실 수 있으신지요?"

그래서 저는 이 일이 있고 며칠이 지난 오늘, 신학교 강의를 마치고 주류 전문 판매점을 축복해 주기 위해 다녀왔습니다.

범엽范曄의 후한서後漢書에 '양진의 사지四知'라는 고사가 나옵니다. 양진이 태수에 임명되어 임지로 가는 도중에 옛날에 양진의 천거로 벼슬길에 오른 왕밀이 금 천 냥을 감사의 표시로 양진에게 건넸습니다. 양진이 이를 극구 거절하자 왕밀이 "이 밤중에 누가 아는 이가 있겠느냐."라고 말했습니다. 그때 양진은 이렇게 말했습니다.

"하늘이 알고天知, 땅이 알고地知, 그대가 알고汝知, 내가 아는데自知 어찌 아무도 모른다는 말이오?"

아무도 보는 이가 없고 듣는 이가 없는 곳이라도, 하늘이 보고 있고 땅이 듣고 있다는 생각을 하면 언행에서 언제나 신중함을 잃지 않게 될 것입니다. 오늘 신학생과 함께 가서 주류판매점을 축복하고 좋은 포도주를 두 병 선물로 받았습니다. 좋은 포도주를 선물로 받고, 또 언행을 하면서 언제나 신중함을 잃지 말아야 한다는 교훈도 얻었으니 결국 오늘도 축복입니다.

# 첫 고해성사는 이렇게

　본당 수호성인 축제의 맨 마지막 토요일에는 어린이 첫영성체 예식이 있습니다. 첫영성체를 하기 전에 어린이들은 '찰고察考'라고 부르는 교리 시험을 통과해야 하고, 찰고를 통과한 어린이들은 이제 생애 첫 번째 고해성사를 하게 됩니다. 찰고를 하려고 성당 사무실을 찾는 어린이들의 잔뜩 긴장한 얼굴을 보면 왜 그렇게 속으로 웃음이 나는지요. 본당 신부의 질문에 그동안 열심히 준비해 척척 답을 해내는 모습을 보면 대견스럽다는 생각이 듭니다. 제가 봐도 이렇게 예쁜데 부모가 보면 얼마나 더 예쁘겠습니까?
　찰고를 통과한 어린이들이 생애 처음으로 고해성사를 할 때 저는 어린이들의 눈높이에 맞추어 만든 저만의 독특한 고해성사 양식을 가지고 합니다.

어린이들은 죄를 고백하기에 앞서 먼저 자신이 행한 선행을 고백합니다. 엄마를 도와준 일, 친구와 간식을 나누어 먹은 일, 할머니가 아프실 때 방문한 일, 동생의 숙제를 도와준 일 등등 그동안 행한 착한 일을 하느님께 고백할 때 어린이들은 얼굴이 환하게 밝아지면서 행복해합니다. 그런 모습을 보는 것이 저는 좋습니다. 그다음에 어린이가 후회되는 일, 행복하지 않았던 일을 고백하면 저는 "착한 아들아, 착한 딸아, 네 선행으로 너는 용서받기에 이미 충분하니 나도 성부와 성자와 성령의 이름으로 너의 죄를 용서한다."라고 사죄경을 외우며 고해성사를 끝냅니다.

성인 신자는 일방적으로 지은 죄를 고백하고 나서 벌에 해당하는 느낌의 보속을 받고 그것을 완수합니다. 하지만 이런 방식은 어린이에게는 너무 가혹합니다. 천사의 눈과 마음을 가진 어린이가 잘못을 했으면 얼마나 했다고 그것을 '죄'라고 부르며 '벌'을 준답니까? 죄와 벌은 공포가 부각되기에 가장 쉬운 방식입니다. 하느님에 대한 '외경畏敬'과는 달리 공포는 어떤 무서운 존재에 대한 두려움 그 이상도 그 이하도 아닙니다.

고해성사는 죄의 '고백'과 고백을 통한 '화해'라는 두 가지

의미를 담고 있습니다. 고백과 화해의 성사가 바로 고해성사인 거지요. 어린이들이 첫 고해와 첫영성체를 할 때 저는 어린이들이 하느님께 바친 선행을 고백하는 말을 듣고 하느님과 화해가 되었다고 말해 주는 것을 좋아합니다. 그래야 그들이 평생을 가톨릭교회의 신자로서 자랑스럽고 건강하게 살아갈 수 있기 때문입니다. 사랑의 하느님, 자비의 하느님, 평화의 하느님을 먼저 느끼고 만나게 해 주는 것이 제 임무라고 생각하기 때문입니다. 공포의 하느님은 선한 어린이들에게는 너무 멀게만 느껴집니다.

어린이 첫 고해성사를 마치고 나서 후안 할아버지의 고해성사를 들었습니다. 할아버지는 이번 주 금요일에 결혼 50주년을 기념하는 금혼을 축하하기 위해 미사를 봉헌합니다. 경건하고 엄숙한 분위기에서 할아버지는 당신 인생 전체에 걸쳐 하느님의 뜻에 어긋났다고 생각되는 죄를 모두 고백했습니다. 후안 할아버지 정도의 연륜이 된 분들이 총고해를 한 뒤 환하게 웃는 모습을 보는 것도 제 즐거움입니다.

어린이들과 달리, 살아온 햇수가 많은 어른일수록 자신이 지은 죄를 고백하고 후련한 마음으로 평화를 느끼는 것을 더 좋아하는 것 같습니다. 고해성사에서 하느님과 화해하고 나서 느끼는 삶의 기쁨은 세대에 따라, 상황에 따라 다르게 드러납니다. 하지만 성사로 드러난 그 기쁨은 하느님 보시기에도 좋을 것 같습니다.

## 공정한 평등

 본당 수호성인 축제 기간에는 날마다 '미사 데 그레미오Misa de Gremio'라고 부르는 미사가 거행됩니다. 본당 구역 내에 있는 공동체나 제법 규모가 있는 식당과 상점들이 자기의 이름으로 미사를 봉헌하는 것입니다. 매일 이런 공동체 미사가 끝나고 나면 해당 미사를 봉헌한 측에서 먹을 것을 제공합니다. 축제에 먹을 것이 빠져서야 되겠습니까. 이는 모두가 배고팠던 시절, 본당 구역 내에서 그나마 살 만한 형편이 되는 가문이나 상점들이 축제를 계기로 가난한 이웃들과 먹을 것을 나누던 데에서 비롯된 아름다운 전통입니다.

 지금이야 굶어 죽는 사람이 있을 정도는 아니지만, 그래도 축제 기간에는 미사에 나오는 사람이 확연히 늘어납니다. 염

불보다는 잿밥에 관심이 있다는 속담처럼 미사 후에 제공되는 음료수와 식사를 받으려고 미사에 나오는 분들이 있지만 아무려면 어떻습니까. 가진 바를 서로 나누고 그 덕분에 미사에도 오랜만에 참석하면 일석이조가 되겠지요. 역시 배고픔을 해결하는 방법은 조금이라도 여유가 있는 사람들이 더 가난한 이웃을 위해서 나눔을 실천하는 방법밖에는 없습니다.

이렇다 보니 노숙하는 형제들에게 성 프란치스코 본당 축제는 중요한 대목입니다. 적어도 하루에 한 끼는 근사하게 해결할 수 있으니까요. 그런데 지난 몇 년 동안 어떤 그레미오 미사에서는 미사 중에 식권을 돌리고 그 식권을 가진 사람들에게만 식사를 제공하는 경우가 있었습니다. 미사에는 참석하지도 않고 식사만 받아 가려는 사람들이 많은 탓에 생긴 고육지책입니다. 그런데 문제는 이렇게 하면 식권이 없는 노숙자 형제들은 큰 타격을 입는다는 것입니다. 몇 년 동안 씻지도 않은 탓에 땀으로 범벅이 된 채 살아가는 사람들이다 보니 이들 근처에만 가도 참을 수 없을 정도로 악취가 진동합니다. 그래서 노숙자들은 미사에 들어가지도 못하는 경우가 많습니다. 게다가 그들이 가톨릭교회의 신자인지 아닌지 확인할 길도 없습니다.

그래서 이럴 때는 미사를 마치고 나서 본당 신부가 식사를 나눠 주는 창구 옆에 서서 노숙자 형제들을 위해 대신 음식을 받습니다. 그런데 올해는 제가 창구 옆에 서 있을 필요가 없습니다. 그레미오 미사를 봉헌하는 사람들끼리 함께 모여서 뜻을 모은 결과, 노숙자 형제들에게는 아무런 조건 없이 식사와 음료수를 제공하기로 했다는 것입니다. 이렇게 자발적으로 고맙고도 현명한 결정을 내려 준 본당의 신자분들이 저는 정말 자랑스럽습니다. 어차피 나눔을 실천하고자 미사도 봉헌하고 식사와 음료수도 제공하는 것이니 우리 가운데 가장 가난한 이웃이라고 할 수 있는 노숙자 형제들에게는 특별 대우를 하는 것이 마땅합니다.

노숙자 형제들에게만 베푸는 이러한 특별 대우에 대해서 평등하지 않다고 시비를 거는 사람은 하나도 없습니다. 그 형제들이 처한 사정을 고려하면 그만큼 대우받도록 배려하는 것이 공평하기 때문입니다. 사회에서는 평등을 아무런 차이도 없이 똑같은 기회를 제공하는 것으로 이해할지 몰라도 적어도 교회에서만큼은 다른 평등을 이야기할 수 있을 것입니다.

무조건 똑같은 것은 공평한 것이 아닙니다. 더 많이 가진 이들이 누리는 특혜에 비하면 배고픈 형제들에게 빵 한 조각 더 배려하는 것은 아무것도 아닙니다. 노블리스 오블리제Noblesse oblige! 가진 사람들이 더 나누고 봉사함으로써 가난한 사람들을 돕고 모두가 함께 살아가는 사회가 건강한 사회입니다.

## 자비의 문

프란치스코 교종께서는 2015년 12월 8일부터 2016년 11월 20일까지 한 해 동안을 '자비의 희년Jubilee of Mercy'으로 선포하였습니다. 그분은 자비의 희년을 선포하는 칙서 〈자비의 얼굴 Misericordiae Vultus〉에서 세상의 교회들에게 이렇게 부탁하였습니다.

"대림 제3주일에 로마 주교좌 대성전, 곧 성 요한 라테라노 교황 대성전의 성문이 열릴 것입니다. 이어서 다른 교황 대성전들의 성문이 열리게 될 것입니다. 바로 그 주일에 저는, 모든 개별 교회에서도 마찬가지로, 신자들의 어머니 교회인 주교좌 대성당이나 공동 주교좌 대성당, 또는 특별히 중요한 성당에서 자비의 문을 열고 성년 내내 열어 두라고 선포할 것입니다. 많은 순례자들이 방문하는 순례지에서도 교구장 주교의 권위로 자비의 문을 열 수 있습니다. 이러한 거룩한 장소에서 순례자들은 마음으로 은총을 체험하고 회개의 길을 찾게 됩니다."(〈자비의 얼굴〉, 3항)

파푸아 뉴기니 마당Madang 대교구에서 활동하는 김지환 요한 세례자 신부가 자신이 사목하고 있는 본당에 설치한 자비의 문 사진을 보내왔습니다. 김 신부는 고등학교를 졸업하자마자 한국외방선교회에 입회해서 아직도 제 기억에는 솜털이 뽀송뽀송하게 나 있는 앳된 얼굴이 먼저 떠오르는 후배인데, 그런 친구가 벌써 30대 중반의 본당 신부가 되어 이 세상 최후의 오지라는 파푸아 뉴기니에서 활동하고 있는 것이 자랑스럽기만 합니다. 앞에 설명드린 대로 교황님의 권고에 따라 저 멀리 파푸아 뉴기니에 있는 마당 대교구의 교구장 주교님께서는 대교구에 속한 모든 본당 신부들에게 자비의 문을 설치하고 희년 기간 내내 열어 둘 것을 당부하셨다고 합니다. 자비의 문을 드나들면서 교황님의 권고대로 모든 신자들이 주님의 자비와 은총을 체험하고 회개의 길로 접어들게 되겠지요.

실제로 그곳 원주민 형제들은 '자비의 문'이 설치된 데 아주 뜨거운 반응을 보인다고 합니다. 그런데 반응이 뜨겁기는 한

데 아직 교황님의 의도와는 조금 거리가 있는 재밌는 반응입니다. 경비를 최소화하기 위해 원래 있던 성당 문 밖으로 통로를 만들고 지붕을 이어서 문을 지나는 것처럼 꾸며 놓았더니 햇빛을 피할 그늘이 생겨서 아주 좋아한다는 것입니다.

그래서 제가 김 신부에게 그랬습니다.

"아무렴 어때? '그늘이 생겨서 좋다.'라는 반응을 통해 하느님의 자비가 전달되고 있으니 좋은 거지."

김지환 신부도 저와 똑같은 생각을 하고 있어서 자비의 문을 놓고 서로 지구 반대편에 있는 선교 사제들이 한바탕 웃을 수 있었습니다.

'자비慈悲'에서 '자慈'는 산스크리트어 '마이트리maitri'를 의역한 것인데 사랑하는 마음으로 중생을 기쁘게 한다는 뜻이고, '비悲', 즉 '카루나karuna'는 불쌍히 여기는 마음으로 중생들의 고통을 덜어 준다는 뜻입니다. 자비는 사랑하는 마음, 불쌍히 여기는 마음으로 널리 사람들의 어려움을 덜어 주고 기쁨을 주는 행위인 것입니다.

자비의 문을 통해 원주민 신자들의 뜨거움을 해소시켜 주는 그늘을 주었고, 그 그늘 때문에 사람들이 즐거우니 이보다 더 크게 하느님의 자비를 실천하고 드러내는 일이 이 세상에 또 어디 있겠습니까?

 자비의 희년, 일 년 동안 이처럼 자비를 베푸는 일에 선뜻 나서야겠습니다. 그늘이 필요한 사람들에게 그늘이 되어 주고, 용서를 비는 사람들에게 화해의 포옹을 나누어 주고, 웃음이 필요한 사람들에게 웃음을 선사해 주는 그런 사람이 되고 싶습니다.

## 촌티가 좋아

어릴 적 외가가 서울에 있었습니다. 그래서 초등학교 시절에는 여름 방학과 겨울 방학을 맞을 때마다 어머니와 함께 서울에 가는 것이 큰 재미였습니다. 이리역(현재 익산역)에서 기차를 타고 서울로 가는 동안 어머니를 졸라서 항상 '홍익회' 딱지가 붙은 노란 망사에 든 귤하고 달걀, 그리고 사이다를 사 먹었습니다. 지금은 아무리 맛있게 삶아도 그때 그 맛을 낼 수가 없습니다. 도대체 홍익회 달걀은 어떻게 삶았기에 그렇게 맛이 있었던 걸까요?

서울역에 도착하면 당시 157번 버스를 타고 불광동 버스 종점에서 내렸습니다. 지금 불광동 성당이 있는 그 자리쯤으로 기억됩니다. 외갓집에 가면 할머니께서 항상 닭 튀김을 해 주셨는데 저는 아무리 맛있게 튀겨도 그런 맛을 낼 수가 없습니다. 도대체 할머니는 어떻게 튀기셨기에 닭 튀김이 그렇게 맛이 있었던 걸까요? 막내 이모를 따라서 당시 기계식 오락실을 가는 것도 잊을 수 없는 재미였습니다.

중학교에 입학하고 나니까 어머니를 따라서 서울에 가는 일이 싫어지더군요. 새하얀 피부빛을 가지고 세련된 서울 말씨를 쓰는 사람들 사이에서 어느 순간부터인지 촌티가 나는 제 자신이 움츠러드는 것을 느꼈습니다. 사춘기 소년이 자신을 타인과 비교하는 순간부터 어린 시절의 순수한 즐거움도, 단순한 행복도 한꺼번에 잃어버리게 된 것입니다. 외삼촌의 권유로 당시 유명했던 '민병철 생활 영어' 공개 녹화에 참석해야 했기 때문에 방학 때마다 서울행은 이어 갔지만 이미 어린 시절 서울 구경의 재미는 더 이상 느끼지 못했습니다.

요 몇 년간 해마다 성 프란치스코 본당 신자들과 함께 멕시코시티 북쪽에 있는 과달루페 성지로 순례를 갔습니다. 그런데 멕시코시티에 도착하면 우리 본당 신자들은 촌에서 올라온 티가 팍팍 납니다. 해발 3~4미터의 열대 기후에서 살던 캄페체 사람들은 해발 2,200미터의 멕시코시티에서는 통 맥을 못 춥니다. 낮 기온이 24도 정도 되면 멕시코시티 사람들은 가볍게 반팔을 입고 다니는데, 30~40도를 넘나드는 기후에 살던 우리 신자들은 추워서 겨울 파카를 입어야 합니다. 또 연세가 든 신자들은 산소가 모자라서 호흡 곤란이나 경미한 어지럼증을 호소하기도 합니다.

그리고 제가 인솔하여 멕시코시티의 몇몇 유명한 곳에 데리고 가면 우리 신자들은 무조건 사진부터 찍습니다. 사진을 찍느라고 정작 그 장소에는 뒤통수만 들이대니 찬찬히 감상하는 일은 나중에 사진으로만 가능합니다. 한 해 동안 본당 일에 적극적으로 참여하고 봉사한 신자들에게는 제가 따로 한국 음식점에 초대해서 불고기, 자장면, 짬뽕, 깐풍기 등을 대접할 때도 있습니다. 그러면 생전 처음 먹어 보는 한국 음식에 감탄하면서 그들은 국물 한 방울도 남지 않을 만큼 그릇을 싹싹 비웁니다.

그런데 이제는 이렇게 촌티 나는 사람들이 좋습니다. 그들과 함께 있으면 너무도 행복합니다. 유창하게 말도 잘하고 생김새와 매너까지도 세련된 사람들은 왠지 정치인 분위기가 느껴져서 조금 부담스럽습니다. 하지만 말투도 어눌하고 행동도 느릿느릿하면서 어설픈 촌티 나는 사람들은 마음이 편하고 부담스럽지 않게 대할 수 있어서 좋습니다. 사춘기 소년 시절에 다른 사람과 자신을 비교하느라 잠시 잃어버렸던 단순함과 순수함을 회복해 가는 과정일까요? 그랬으면 좋겠습니다만 아무튼 이제는 제게서도 느릿느릿하고 약간은 어설픈 촌티가 나기를 바랍니다.

다른 사람과 비교하여 제가 더 나은 점을 확인하면서 으쓱대고 행복하다고 느끼는 일, 다른 사람과 비교하여 제가 좀 부족하다고 느끼면서 주눅 들고 불행하다고 느끼는 일은 진작 그만두었습니다. 제 앞에는 인생을 살아가면서 배우고 느끼고 사랑하는 일, 그 자체를 즐기면서 순수한 기쁨과 단순한 행복으로 돌아가는 일만 남아 있습니다.

## 왜 저를 약하게 만드셨나요?

 지난번 과달루페로 성지 순례를 갔을 때 한인 식품점에서 들깨, 파 그리고 부추의 씨앗을 사 왔습니다. 그래서 이번 월요일 오전에는 씨앗을 뿌릴 밭을 만드는 일을 하기로 했습니다. 제 주변에서 밭으로 만들기에 적당한 땅은 과달루페 성모 동산으로 꾸며진 정원밖에 없습니다. 할 수 없이 정원 한구석을 갈아엎고 부엽토를 덮어서 밭을 만들어 보기로 했습니다.

 지금까지 한 번도 밭으로 사용된 적이 없는 굳은 땅을 삽 한 자루로 갈아엎는 일은 쉽지 않았습니다. 곡괭이나 쇠스랑 정도가 필요한 작업이었으나 그냥 삽으로 천천히 땅을 갈아엎어 나갔습니다. 오후에 비가 내리기 전에 파종할 생각으로 오전부터 뜨거운 태양 밑에서 땀을 비 오듯 쏟아 가며 작업을 계속해 나갔지요. 이렇게 직접 노동에 참여할 때면 농부들, 어부들 그리고 노동자 형제들의 노고를 조금이나마 이해하게 되어 그분들에게 감사하는 마음이 더 깊어집니다.

그런데 이게 어찌된 일입니까? 서툰 무당이 장구 탓만 한다고 이제 막 일을 시작했는데 삽자루가 툭 부러져 버렸습니다. 돌덩이처럼 굳은 땅을 갈아엎으려고 큰 힘을 쏟다 보니 결국 삽의 손잡이 부분이 견디지 못하고 부러져 버린 것입니다. 난감했습니다. 일하던 도중에 다른 연장을 사러 나가기도 그렇고 해서 그냥 부러진 삽으로 작업을 계속했습니다. 손잡이 부분이 부러진 삽으로 작업하려니 힘이 몇 배로 들더군요. 겨우 밭의 모양새를 갖추고 나서 보니 노동에 익숙하지 않은 손이 벌겋게 달아올라 있었습니다.

부러진 삽을 한참 바라보고 있노라니 생각 하나가 떠올랐습니다. 어느 대장장이가 혼신의 힘을 쏟아서 삽을 만들어 세상에 내어놓았습니다. 삽은 대장장이의 의도대로 농부들과 함께 땅을 갈아엎는 제 기능을 다하며 살아갔습니다. 그런데 어느 날 나무로 된 약한 부분이 부러지고 말았습니다. 약한 부분이 부러진 채로는 삽이 더 이상 제 기능을 발휘할 수 없었지요. 주변 사람들은 이제 저 삽은 생명이 다 됐다고 수군거렸습니다. 부러진 삽은 절망에 빠졌습니다. 제 생명을 다하기 전에 삽은 마지막 힘을 다하여 대장장이를 찾아가서 따졌습니다.

"왜 저를 이렇게 약하게 만드셨나요?"

대장장이는 부러진 삽을 꼭 껴안아 주면서 말했습니다.

"너에게 나무로 된 약한 부분을 넣어서 부러질 수도, 휘어질 수도 있도록 만든 이유는 가벼우면서 부드럽게 작업할 수 있도록 하기 위한 것이었단다. 너를 전부 튼튼한 쇠로 만들었다면 너무 무겁고 딱딱해서 아무도 너를 찾지 않았을 거야. 만약에 그랬다면 지금처럼 농부들과 열심히 일하면서 네 본래의 기능을 발휘하지도 못했겠지. 너는 약한 부분이라고 생각하겠지만, 그러한 부분이 있기에 가볍고 부드러워져서 사람들이 너를 더 많이 찾고 좋아했지. 그리고 또 한 가지! 네가 부러졌기 때문에 나를 다시 찾아왔잖니. 부러지지 않았으면 네가 나를 찾아왔겠어?"

이렇게 말한 뒤, 대장장이는 부러진 삽을 새롭게 고쳐 주었습니다.

저도 약한 면이 참 많습니다. 때로는 그 약한 면 때문에 부러지기도 하고, 꺾이기도 하고, 쓰러지기도 하고 그럽니다. 그렇다고 저 자신을 쓸모없는 사람이라고 생각하지 않습니다.

오히려 약함이 있기에 쓰임이 있는 것이겠지요. 가볍고 부드럽기에 사람들이 저를 찾는 것이고요. 제가 약해서 부러지면 대장장이를 찾아가면 됩니다. 대장장이를 찾아가면 그분은 약한 부분, 부러진 부분을 더 튼튼한 새것으로 갈아 줄 것입니다. 새로워진 마음, 새로워진 영혼으로 더욱더 제 기능을 발휘하며 살아갈 수 있도록 말입니다.

## 귀는 두 개, 입은 하나

맡은 책임이 많다 보니 대체로 한 주간 동안 고정적인 일정이 빡빡하게 잡혀 있습니다. 하지만 본당 일에, 신학교 강의에, 교구 법원 일까지 모두 소화하고 난 금요일 오전에는 특별한 일정을 잡지 않고 비워 둡니다. 그날에는 제 사무실에 본당 신부와 면담하러 오는 사람들이 줄을 늘어섭니다.

오늘도 남편과 사별한 한 자매님이 와서, 집 상속 문제로 아들과 갈등을 빚고 있는데 어떻게 해야 좋겠는지 걱정스럽게 이야기를 꺼냈습니다. 어떤 형제님은 아내와 큰 싸움을 한 뒤 찾아와서 도저히 더는 함께 살 자신이 없다며 눈물을 흘렸습니다. 또 다른 분은 옆집에 사는 자매님이 중병을 앓고 있는데 유아세례를 받기는 했지만 아직도 첫영성체를 못 했다며 이를 해결하려면 어떤 절차를 밟아야 하는지 문의해 왔습니다. 이 밖에도 병원에서 처방전을 받아 왔는데 약값이 없다고 찾아온 분, 대모를 서야 하는데 자기가 어느 성당에서 세례를 받았는지 도무지 알 수가 없다고 찾아온 분, 휠체어가 고장 났다고 찾아온 분 등 많은 사람들이 각기 제 사연을 들고 왔습니다.

간단히 해결할 수 있는 문제도 있지만 어떤 문제는 제가 듣기에도 어떻게 해야 좋을지 난감할 때가 많습니다. 그럴 때면 저는 다만 주로 열심히 들어 주는 역할을 합니다. 텔레비전에 나오는 여러 스님들처럼 모든 문제를 듣는 즉시 술술술 풀어서 해결해 줄 수 있을 만큼 인생 문제에 도가 트인 사람도 아니고, 또 지극히 개인적인 문제에까지 제가 일일이 해답을 줘야 하는 것도 아니니까요. 사제가 온 마음을 모아서 열심히 경청하다 보면 말하는 사람이 스스로 해답을 찾아가는 경우가 적지 않습니다.

그런데 타인의 이야기를 온 마음을 모아서 열심히 들어 주기란 결코 쉽지 않습니다. 이야기를 듣다 보면 어느새 제 머릿속에 떠오른 생각들을 충고나 해답이라고 던져 주기 일쑤입니다. 사람은 듣는 것보다 말하는 것이 훨씬 쉬운가 봅니다. 본능적으로 자신을 잘 포장하여 타인에게 알리려고 하니까요.

수컷 날짐승들이 화려한 깃털을 활짝 펼쳐서 암컷에게 구애를 하듯이, 언어를 통하여 소통하는 인간에게 있어서 말하기는 자신을 알리기에 아주 좋은 도구인 듯합니다.

사람들은 듣기를 통해 상대방을 알고 이해하려기보다는 말하기를 통해 자신을 알리는 쪽을 선택할 때가 훨씬 더 많습니다. 상대방의 이야기를 온 마음을 모아 경청하는 일이 결코 쉽지 않기 때문입니다. 직·간접적인 경험도 많고, 대단한 인내심도 있으며, 무엇보다도 상대방의 안타깝고 어려운 처지를 내 것인 양 받아들일 수 있는 사람만이 상대방의 이야기에 귀를 기울일 수 있습니다.

그래서 로마의 철학자 에픽테토스Epiktetos는 듣는 것에 관해서 친구들에게 이렇게 말했다지요.

"우리는 말하는 것보다 두 배를 들을 수 있도록 두 개의 귀와 하나의 입을 가지고 있다. We have two ears and one mouth so that we can listen twice as much as we speak."

좋은 신부로 살기 위해 이 말을 가슴 깊이 명심하며 살도록 노력하겠습니다.

## 푸드 마일리지

요즘 밭에 나가려면 그야말로 중무장을 해야 합니다. 우기가 끝나 가는 요즘은 모기들이 번식을 위해 가장 활발하게 활동하는 때라서 그렇습니다. 반팔, 반바지 차림으로 밭에 나갔다가는 순식간에 모기 밥이 되고 맙니다. 더군다나 모기를 숙주로 하는 치쿤구니아 열병도 번지고 있기 때문에 꼭 긴팔과 긴바지에 장갑과 양말까지 완전 무장을 하고 밭에 나가야 합니다. 그래도 모기들이 얼마나 극성스러운지 옷가지 위로 빨대를 꽂고 열심히 피를 뽑니다.

우기에는 일주일만 풀을 뽑지 않아도 온 밭이 잡초로 뒤덮이고 맙니다. 어제 오후에 점심을 먹고 밭에 나갔습니다. 더위가 한풀 꺾였다고는 하지만 그래도 한낮 기온이 40도를 넘어서는 날씨가 계속되고 있습니다. 그래서 긴팔, 긴바지를 입고 쪼그려 앉아서 두 시간이 넘도록 풀을 뽑고 있으면 그야말로 온몸이 땀으로 범벅이 됩니다. 하지만 고개를 아래로 숙인 채 손으로 흙을 만지고 두드리며 비를 뿌리는 듯 땀을 쏟아 내고 있다 보면 그 일이 마치 거룩한 어머니 대지를 축복하는 예식처럼 성스럽게 느껴집니다. 하늘에 대해서 말하는 사람들일수록 겸손한 마음으로 고개를 숙여 흙을 만지는 시간을 많이 가져야 함을 느낄 수 있는 소중하고 거룩한 시간이지요.

'푸드 마일리지Food Mileage'는 식품이 생산된 후 소비자의 식탁까지 이동한 거리를 말합니다. 이것은 t·km로 표기하는데 식품의 운송량ton에 운송거리km를 곱한 값입니다. 예를 들어서 우리 식탁에 오르기까지 요즘 한국에서 인기가 있다는 노르웨이산 연어는 8,180km, 뉴질랜드산 키위는 8,830km, 호주산 쇠고기는 8,283km, 칠레산 와인은 20,361km를 날아옵니다. 이 거리에 수입된 총량을 곱하면 푸드 마일리지를 계산할 수 있습니다. 푸드 마일리지를 보면 우리가 이 식품을 먹기 위해서 에너지를 얼마나 많이 소비했는지, 환경 오염을 얼마나 많이 유발했는지를 가늠할 수 있게 됩니다.

당연히 푸드 마일리지는 식량 자급률과 절대적인 관계를

맺을 수밖에 없습니다. 2015년 기준 우리나라의 식량 자급률은 50.2%, 곡물 자급률은 23.8%에 불과합니다. 그래서 우리나라의 일인당 평균 푸드 마일리지도 2010년 기준 7,085t·km에 달합니다. 이는 함께 조사한 프랑스에 비해 무려 10배나 높은 값입니다. '신토불이身土不二'라는 말처럼 자신이 사는 지역에서 생산된 농산품을 먹는 것이 건강에도 좋다고 합니다. 어쩌면 요즘 각종 질병으로 고생하는 사람들이 늘어나는 것도 너무나 긴 푸드 마일리지와 연관이 있는 것은 아닐까요?

식품의 생산에서 소비까지 이르는 물리적 거리를 줄이면 이산화탄소 배출량이 감소합니다. 또한 생산자와 소비자 사이의 사회적 거리도 줄어서 가격은 낮아지고, 식품의 안전성은 높아집니다. 우리나라에서도 가톨릭교회를 중심으로 '우리농촌살리기운동'을 20년 넘게 펼치고 있습니다. 각 지자체들도 재래시장을 현대화·활성화하여 지역 농산물을 지역 사람들이 소비할 수 있는 분위기를 형성해 왔습니다. 하지만 물밀듯 밀려오는 수입 농·수·축산물에는 속수무책인 것이 현실입니다.

농산물을 자기 손으로 직접 키워서 직접 식탁 위에서 소비하는 경험을 한 번씩 해 보면 여러 가지 차원에서 새로운 느낌을 받게 됩니다. 밭이 없더라도 고추나 상추 같은 것은 아파트 베란다에서 화분을 이용해 충분히 키울 수 있습니다. 파 같은 경우는 슈퍼마켓에서 뿌리째 파는 것을 사서 윗부분을 먹고 나머지 뿌리 부분을 화분에 심어 두면 저절로 다시 자라납니다. 그래서 계속 키우면서 잘라 먹을 수 있지요.

하느님께서 지으신 이 아름다운 세상을 위해 작은 기도, 작은 실천을 하나 보태서 잘 보존하는 것이 바로 살아 있는 신앙이요, 실천하는 양심이 아닐까요? 직접 키운 식품을 먹거나 내 지역 농산물을 소비함으로써 푸드 마일리지를 줄이는 작은 실천을 다 같이 해 보면 좋을 것 같습니다.

# 꼬깃꼬깃 접힌 50페소 두 장

토요일 저녁부터 일요일까지 주일 미사 내내 과달루페 외방선교회 소속 선교사들이 우리 성 프란치스코 본당에 와서 후원 회원을 모집하는 특별 미사를 봉헌하고 있습니다. 작년에 멕시코 남부 지역 후원회를 담당하는 마르시아노 신부가 후원 회원 모집을 허락해 줄 수 있는지 문의했을 때 저는 속으로 기쁘기까지 했습니다. 제가 한국의 본당을 찾아가서 한국 외방선교회 후원 회원 모집과 특별 헌금을 위한 미사를 봉헌했을 때 그것이 얼마나 쉽지 않은 일인지 뼛속 깊이 깨달을 수 있었거든요.

대부분의 선교회들은 주님의 기쁜 소식을 전하는 데 현실적으로 필요한 기금을 마련하려면 어쩔 수 없이 자국 교우들의 봉헌에 절대적으로 의존할 수밖에 없습니다. 선교회가 주식 투자를 하겠습니까? 펀드 가입을 하겠습니까? 복권을 사거나 도박을 해서 돈을 모을 수도 없지요. 하지만 한국이나 멕시코나, 본당을 방문해서 '특별 미사'를 부탁하는 단체나 수도회가 워낙 많습니다. 그렇다 보니 본당 신부 입장에서는 방문 요청을 매번 받아 줄 수도 없는 노릇입니다.

하지만 저는 한국외방선교회 소속 선교 사제입니다. 또한 이번에 특별 헌금을 위해 방문하는 신부님들도 멕시코 과달루페 외방선교회 소속 선교 사제들이고요. 그래서 말하지 않아도 통할 만큼 선교적 공감대가 이미 형성되어 있습니다. 그렇기에 이분들의 방문을 거절할 하등의 이유가 없었습니다. 오히려 본당 봉헌금을 모두 가져가시라고 하면서 동전까지 다 챙겨 드렸습니다. 물론 우리 본당도 최근에 일어난 몇몇 어지러운 사건들로 인해 재정적으로 어려움을 겪고 있기는 합니다. 하지만 원래 나눔이란 자기가 어려울 때일지라도 자신보다 더 힘든 사람들을 위해서 기꺼이 내어 주는 것이니까요.

주일 아침 미사를 마치고 제의방에서 제의를 벗고 있을 때였습니다. 마리아 할머니가 제 곁으로 다가와서 꼬깃꼬깃 접힌 50페소짜리 지폐 두 장을 제 손에 쥐여 주었습니다. 이게 무슨 돈이냐고 물었더니 할머니는 제게 귓속말로 이렇게 말했습니다.

"오늘 봉헌금은 저 신부님들이 다 가져간다면서? 그럼 파드레 구아포는 어떡할 거야? 그래서 내가 지금 가지고 있는 전부 중에 반은 저기에 내고, 나머지 반은 여기 가져왔지. 이걸로는 전화비를 내든지 전기 요금을 내든지 하는 데 보태 써. 꼭 파드레 구아포를 위해서 써야 돼. 알겠지?"

자신 역시 가난하면서도 많은 사람들이 적은 돈이나마 매달 과달루페 외방선교회를 위해 봉헌하겠다는 약정서를 제출해 주었기에 이미 가슴이 찡할 만큼 감동이 파도를 쳤는데, 거기에 마리아 할머니가 해 준 귓속말은 아예 저를 전복시켜 버릴 만큼 쓰나미급 감동을 주었습니다. 예수님에게 감동을 준 가난한 과부의 동전 두 닢이 마치 제 손에 쥐어지는 듯한 느낌이 들었거든요(마르 12,41-44 참조).

많은 부자들이 헌금함에 큰돈을 넣었지만 예수님께서는 제자들에게 이렇게 말씀하셨습니다. "저 가난한 과부가 헌금함에 돈을 넣은 다른 모든 사람보다 더 많이 넣었다. 저들은 모두 풍족한 데에서 얼마씩 넣었지만, 저 과부는 궁핍한 가운데에서 가진 것을, 곧 생활비를 모두 다 넣었기 때문이다."(마르

12,43-44)

　진정한 나눔은 나도 궁하고 부족하지만 나보다 더 궁한 다른 사람을 위해서 내어 주는 사랑의 마음이라는 것을 절절히 느낀 하루였습니다. 그리고 나눔을 실천할 때 얼마를 나누었는지를 헤아려 보기보다 어떤 마음으로 나누었는지 떠올려야겠다는 생각이 들었던 하루이기도 했습니다. 사랑이 그렇듯 나눔 역시 양보다는 질이 우선인 듯합니다.

## 잘 놀다 갑니다

오늘은 토요일, 오전 10시에 유아세례가 있는 날입니다. 갓 태어난 아기 네 명이 부모와 친척들의 축하와 환호 속에서 가톨릭 신자로 새롭게 태어났습니다. 가톨릭 문화권에서 세례는 탄생만큼이나 인생에서 중요한 순간입니다. 그래서 세례 예식이 다 끝난 뒤에도 예쁘게 차려입은 하객들이 아기들과 함께 사진을 찍는다고 한동안 떠들썩한 축제 분위기였습니다.

오전 11시, 루비셀리가 10년간 사귄 남자 친구 에르난과 함께 혼인 미사를 올렸습니다. 한국보다 결혼 연령이 빠른 이곳에서 10년이나 연인으로 지낸 이유는 루비셀리의 부모가 극심하게 반대했기 때문입니다. 딸을 둔 부모 입장에서는 정성 들여 키운 딸을 반반한 직장도 없이 놀고 있는 사위에게 주기가 무척이나 어려웠던 것 같습니다. 하지만 자식 이기는 부모가 있답니까? 결국 결혼을 허락하긴 했는데 신부 측 부모들의 표정이 썩 밝지만은 않았습니다.

오후 1시, 주로 가난한 어부들이 하나둘씩 모여 동네를 이룬 곳에 있는 '성 베드로와 성 바오로 공소'에서 호세 마리아 씨의 장례 미사가 있었습니다. 젊은 시절 내내 자식을 뒷바라지하느라 바다에서 고기만 잡으며 살아온 호세 마리아 씨는 배에서 내리고 나서는 병치레를 하느라 짧은 육지 생활이 순탄치 않았습니다. 그가 이 세상에 이별을 고하는 마지막 미사 역시 초라하기 그지없었지요. 가족 몇 사람만 참석한 장례 미사에는 성가를 부르는 이도 없었고, 영성체를 하는 사람도 없었으며, 눈물을 흘리는 사람도 없어서 건조하게만 느껴졌습니다.

잠시 후 저녁 7시와 8시 반에는 열다섯 살 생일을 맞이하는 두 명의 '세뇨리타'[1] 가족들의 감사와 축하 미사가 있을 예정입니다. 지금은 하나의 축제로만 남아 있지만, 옛날에는 열다섯 살 생일에 미사를 봉헌하면서 무탈하게 지켜 주신 하느님께 감사도 드리고 또 이를 통해 초대된 하객들에게 시집갈 때가 된 딸이 있다는 것을 알리기도 했다고 합니다. 오늘도 예쁜 드

---

1 아가씨라는 뜻.

레스를 입은 두 명의 세뇨리타들이 가족의 축복 속에서 화려한 성인식을 치르겠지요.

이렇게 오늘은 하루 동안 세례식, 성인식, 결혼식, 장례식을 한꺼번에 다 치를 것 같습니다. 마치 한 생애를 하루 동안에 다 살아 본 것 같은 느낌이 듭니다. 느낌뿐만이 아닙니다. 사실 우리 인생은 이처럼 하루가 지나듯 빠르게 흘러가지요. 우리는 존재의 이유를 그 짧은 인생에 담아 우리가 왔던 저 별 하나를 향해서 떠나게 됩니다.

한국외방선교회 회원들은 선교회에 소속되면서 미리 유서를 작성해 본부에 맡겨 둡니다. 제가 몇 년 전에 작성한 유서에는 "잘 놀다 갑니다."라는 여섯 글자만 적혀 있습니다. 기쁘고 행복하게 살아가고자 했던 그 시절의 바람을 그렇게 여섯 글자에 담았지요.

지금 당장 유서를 새로 작성해야 한다면 아마도 한참을 고민할 것 같습니다. 그러고는 "사랑이 전부였습니다. 잘 놀고, 잘 배우고, 잘 사랑하고 갑니다."라고 적을 것 같습니다. 예수님께서 가르쳐 주신 사랑이 제가 한평생을 살아온 이유이자 힘이며, 제 인생 전체의 의미였음을 최후의 고백으로 남기고 싶기 때문입니다. 인류 보편에 대한 사랑도 좋고, 가족을 향한 사랑도 좋고, 어떤 한 사람을 향한 사랑도 좋습니다. 눈물도 없이 메마른 장례식보다 더 슬픈 것이 있다면 사랑 없이 오늘 하루를 살아간 것이 아닐까요? 제가 떠나왔던 저 별 하나로 되돌아가는 날 저는 사랑으로 가득 찬 마음 하나만 가지고 떠날 수 있었으면 합니다.

"내가 너희를 사랑한 것처럼 너희도 서로 사랑하여라."(요한 15,12)

## 슬리퍼에게 작별을 고하며

2008년 6월에 로마에서 공부를 마치고 한국으로 돌아왔을 때 사실 제게는 휴식 시간이 조금 필요했습니다. 그런데 어찌 된 일인지 조금도 쉬지 못하고 바로 그해 8월에 중국으로 파견을 나가게 되었지요. 그때 선교사로 파견을 나가는 조촐한 여행 가방 안에는 둘째 누님이 선물해 주신 가죽 슬리퍼 한 켤레가 있었습니다. 동생 신부가 파견을 나간다고 하니 정이 많은 둘째 누님이 이것저것 챙겨 주신 물품 가운데 하나였지요.

그렇게 떠난 중국 생활은 처음부터 꼬여 있었습니다. 나중에 알고 보니 제가 도착하기도 전부터 제 중국 생활은 이래저래 꼬일 수밖에 없었더군요. 아무리 풀어 보려고 노력해도 처음부터 꼬인 중국 생활은 갈수록 더 어려워졌습니다. 외부에서 일어난 어려운 일은 선교사 생활이 원래 그러려니 하고 감내하면서 풀어 갈 수 있지만, 내부에서 형제들 사이에 갈등이 생기는 것은 시간이 흐를수록 더욱 고통스럽기만 했습니다.

결국 2년을 넘기지 못하고 첫 선교지였던 중국과의 인연은 끝나 버렸습니다. 《실패하니까 사람이다》라는 책의 머리말에 표현한 중국을 떠나는 날의 감정은 지극히 사실적입니다. 날이 별로 춥지도 않았는데 혼자서 새벽 기차를 타고 북경 공항으로 가는 내내 저는 덜덜덜 떨고 있었습니다. 실패하니까 사람이라고 애써 스스로를 위로하면서 한국으로 돌아온 뒤로도 한동안 아무하고도 만나지 않고 산 속 깊이 있는 수도원에 들어가서 지냈습니다.

중국 허베이성의 성도 스좌장에 도착하여 허베이 사범대학 기숙사에 짐을 풀던 날, 처음으로 둘째 누님이 사 주신 가죽 슬리퍼를 꺼내 신었습니다. 그리고 중국을 떠나올 때, 쓰던 물건들은 모두 그대로 거기에 두고 왔는데 그 슬리퍼 한 켤레는 챙겨 왔습니다. 다시 멕시코로 파견지를 옮기게 되었을 때 저도 모르게 그 슬리퍼만큼은 가져오고 싶었습니다. 그것은 아마도 중국에서 있었던 수많은 희로애락의 경험을 그 슬리퍼와 함께 나눴기 때문일 것입니다.

멕시코에서 살아온 지도 어느새 6년이 지났습니다. 그리고 지난 6년 동안 그 슬리퍼를 단 하루도 빠지지 않고 사제관 안에서 신어 왔습니다.

그런데 몇 달 전부터 가죽 끈이 헐거워지는 느낌이 들기 시작하더니 결국 오늘은 실 한 오라기로 간신히 버티고 있는 형국이 되어 있더군요. 자그마치 8년이라는 시간을 함께해 온 슬리퍼입니다. 드디어 이 슬리퍼와도 작별할 시간이 된 것 같습니다. 다른 사람에게는 그냥 단순한 물건에 불과하겠지만, 그저 낡고 헐은 슬리퍼에 불과하겠지만, 제게는 그렇지 않았습니다. 제 신체의 일부분처럼 느껴질 정도로 익숙해진 추억 그 자체였지요.

이 슬리퍼처럼 지난 8년간 제 삶과 하나가 되어 함께해 준 이가 누가 있을까요? 아무 말 없이 묵묵히 지난 8년의 시간을 함께해 준 슬리퍼에게 고맙기만 합니다. 살다 보니 이해 못 할 일도 많고, 억울하고 슬픈 일도 많고 그렇습니다. 그때마다 말로 표현하지 않았더라도, 함께 있어 준 자체로 위로였던 존재들이 있습니다.

슬리퍼를 보면서, 가족들이야말로 꼭 이런 존재가 아닐까 하는 생각이 들었습니다. 또 오랜 시간 친구라는 인연으로 함께해 준 사람들이 이런 존재가 아닐까 하는 생각이 들었습니다. 말로 표현하지 않아도 존재 자체로 위로가 되는 사람들, 그런 모든 소중한 인연에게 저도 다 떨어져 너덜거리는 이러한 슬리퍼와 같은 존재가 되었으면 좋겠습니다. 존재 자체가 위로이며, 함께 있는 것 자체가 기쁨인 그런 사람 말입니다.

# 문어 라면과 사모곡

    드디어 문어 철이 시작되었습니다. 앞으로 12월 중순까지는 산란기가 끝난 문어를 어획할 수 있습니다. 문어는 이곳 캄페체 어부들에게 중요한 소득원입니다. 문어를 잡아서 생활한다고 해도 과언이 아닐 정도니까요. 물론 멕시코 만은 어족 자원이 풍부합니다. 다양한 물고기가 잡히지요. 하지만 문어만큼 값을 높게 받을 수 있는 생선은 없습니다.

    값이 비싼 생선이라고는 하지만 한국의 문어값에 비할 수는 없을 테지요. 한국 동해안에서 나는 대왕문어가 킬로그램당 4만 원 정도 한다니까 웬만한 크기만 돼도 10만 원을 훌쩍 뛰어넘을 가격입니다. 하지만 여기서는 지금 킬로그램당 70페소에 팔리고 있으니까 한화로는 약 5천 원 정도 하는 셈입니다. 그러니 문어를 좋아하는 사람들에게는 그야말로 천국이나 다름없습니다.

요즘에는 문어 숙회를 해서 먹거나 문어 라면을 끓여 먹습니다. 문어를 넣고 라면을 끓여 먹는다고 하면 한국에 사는 문어를 좋아하는 친구들은 저를 보고 손가락질을 할지도 모르겠습니다. 그 귀한 문어를 가지고 라면을 끓인다고요. 하하하! 하지만 선교지에 살면서 이 정도 호사를 누리는 기쁨도 있어야 하지 않겠습니까?

이런 맛있는 음식을 먹을 때면 항상 어머니가 떠오릅니다. 전화를 드릴 때마다 음식을 잘 드시지 못해서 기력이 없는 어머니의 목소리를 듣게 되면 얼른 문어 한 마리 데쳐서 도마 위에 송송 썰어 놓고 맛있는 초고추장을 곁들여 대접해 드리고 싶은 마음이 굴뚝같습니다. 제가 어렸을 때는 어머니가 제 입으로 들어가는 것만 봐도 배가 부르다고 하셨던 것 같은데, 이제는 제가 어머니의 입으로 음식이 들어가는 것만 봐도 배부를 것 같습니다.

어느새 저는 옛날 어머니의 나이가 되었고, 어머니는 영락없는 할머니가 되었습니다. 어머니는 항상 "나 나이 먹어 늙어가는 것은 괜찮은데 우리 아이들 나이 드는 것은 아까워 죽겠어."라고 입버릇처럼 말씀하십니다. 선교 사제로 하느님의 부르심을 받아 외국으로만 떠도는 것이 큰 불효인 것만 같아서 항상 죄송스러운 마음입니다. 하지만 어머니는 당신 배 아파서 낳은 아들이 선교 사제로 훌륭하게 살아 주는 것이 인생 최고의 선물이라고 합니다.

예부터 민중 사이에서 불린 사모곡思母曲이라는 고려 가요가 있습니다.

호미도 날이언마라난
낫같이 들이도 없으니이다.
아버님도 어이어신마라난 위 덩더둥셩
어머님같이 괴실 이 없어라. 아소님하,
어머님같이 괴실 이 없어라.[2]

이처럼 세월이 흐르고 강산이 변해도 어머니의 사랑만큼은 영원히 변하지 않는 것 같습니다. 문어 라면 한 그릇 끓여 놓고 앉아서 어머니를 생각하며 사모곡을 외워 봅니다. 선교 사

---

[2] 옛 한글을 그대로 읊으면 그 뜻이 더 깊이 있고 운치가 있겠지만, 그대로 표기하기가 어려우니 현대 국어로 표기하겠습니다.

제로 불러 주신 하느님께서 어머니의 건강과 행복까지 다 책임져 주실 것을 믿고 저는 오늘도 이곳 캄페체 사람들과 행복하게 살아갑니다. 어머니! 부디 잘 챙겨 드시고 건강하기만 하십시오. 다음 휴가 때 뵙겠습니다.

# 미개, 아직 열리지 않은 삶

 오늘은 아침 9시에 재래시장에 가서 어물전 한 곳을 축복해 주기로 되어 있었습니다. 그러고는 바로 지구 사제 모임에 가려고 생각하고 있었지요. 서둘러 준비하려는데 사제관에 또다시 물이 나오지 않았습니다. 무더운 날씨에 물이 없으면 살기가 힘들어지는데 어쩌자고 이렇게 예고도 없이 정전과 단수가 자주 반복되는지 답답할 뿐이었습니다. 할 수 없이 축복식을 금요일로 미루고 사제 모임에는 물탱크에 저장해 놓은 물을 몇 동이 길어다가 고양이 세수만 겨우 하고 갔습니다.

 모임에 다녀와서는, 언제까지 단수가 계속될지 모르니 우선 샤워 부스에 물을 몇 동이 보관해 두었습니다. 잠시 쉬는 틈에, 얼마 전 제가 사는 곳에 물난리가 났을 때 파푸아 뉴기니에서 활동하는 김지환 신부가 보내 준 메시지를 다시 꺼내 읽었습니다.

"목요일부터 이 지역에 정전이 시작됐습니다. 유일하게 있는 용기댐에 물이 바닥나서 더 이상 전기 생산이 힘들다고 합니다. 제가 있는 왈리움은 두 달 넘게 비가 오지 않고 있고 마지막 남은 탱크도 반 이상 줄었습니다. 전기 없이는 살 수 있겠는데 물 없이는 살기가 힘드네요. 절반도 남지 않은 탱크의 물로 적어도 한 달은 버틸 요량을 하자 화장실, 설거지, 먹는 것까지 생존 모드가 되었습니다. 그래도 '본당에 있으면 어떻게든 되겠지.' 하는 생각에 마음이 편해집니다. 제가 비를 내리게 할 수 있는 것도 아니고, 전기를 만들 수 있는 것도 아니니 제가 할 수 있는 일에 최선을 다하고 만족하고 있습니다. 보내 주신 사진 속의 물을 보니 물통에 담아 두고 싶은 마음이 가득해지네요."

김 신부는 상하수도 시설이 아예 없는 대자연 속의 파푸아 뉴기니에서 살아가기에, 물과 전기가 없는 상황조차도 자연스럽게 받아들이고 있는 것 같습니다. 후배 신부의 메시지를 읽고 나니 제가 처한 상황이 오히려 고맙게 느껴지더군요. 김 신부가 한번은 파푸아 뉴기니의 형제들 몇몇을 바다에 데려다

주었는데, 그들이 바다를 하늘이라고 하더랍니다. 하늘도 잘 보이지 않는 정글 속에서 태어나 바다를 한 번도 보지 못했기 때문이겠지요. 수영장을 보고는 거대한 물탱크라고 했다지요. 그런 메시지를 읽으니 마음속에서 여러 가지 생각이 일어났습니다.

편안함을 누리기 위해서 우리는 기술적, 물질적 발전의 결과물들을 설치합니다. 그렇지만 편안함이라는 혜택이 커질수록 우리의 삶은 자연에서 멀어지는 것 같습니다. 수도꼭지를 열었는데 물이 나오지 않을 때면, 전기 스위치를 톡 하고 건드려서 불을 켰는데 불이 들어오지 않을 때면, 순간적으로 문명의 세상 한가운데서 아무것도 할 수 없는 바보가 되어 서 있는 저를 보게 됩니다. 문명 속에서 살아가는 것은 편리하기는 하지만, 그 성격상 철저하게 자연스러움을 거스르고 자연을 파괴할 수밖에 없습니다. 문명 덕분에 지상 500미터 높이에서 사방으로 황홀하게 펼쳐진 광경을 내려다보며 살 수 있겠지만, 거기까지 승강기를 타고 올라가려면 필히 어마어마한 전력을 사용해야만 하고 그 전력이란 환경 오염을 유발하는 다른 에너지원을 사용해 생산되는 것일 겁니다. 그러니 문명의 끝이 과연 어떠한 모습일지 상상하기란 어렵지 않습니다.

한때는 문명과 반대되는 개념으로 '미개未開'라는 말을 썼습니다. 이는 '아직 열리지 않았다.'라는 뜻의 한자어인데 '아직 문명에 열리지 않은 낮은 생활 단계'라는 경멸의 어조가 담겨 있었습니다. 하지만 저는 이런 '미개'를 긍정적으로 바라봅니다. 문명의 반대말인 미개야말로 '무위자연無爲自然'이라고 생각되기 때문입니다. 철저하게 인간에게만 맞춰져 있어 인간에 의해서만, 인간을 위해서만 조종되는 인위의 극치가 문명이라면, 모든 인위가 발을 멈추는 곳, 오로지 다른 것들과 어울려 조화를 이루어 살아가는 미개, 무위자연이야말로 문명의 반대 개념이라고 할 수 있을 것입니다.

요즘 산을 찾는 사람들이 부쩍 늘었다고 합니다. 철저하게 길들여진 도시 생활에 염증을 느끼고 적어도 주말만이라도 대자연의 품에 안겨 있고 싶은 까닭일 것입니다. 이렇게 산을 찾는다는 데서 모두가 아직 문명에 열리지 않은 미개를 꿈꾼다는 생각이 듭니다. 저도 '미개未開'의 삶을 사는 제 자신을 꿈꿔 봅니다.

## 사랑의 혁명은 현재 진행형

10월 4일 어제는 정말 긴 하루였습니다. 아시시의 프란치스코 성인은 우리 본당의 수호성인일 뿐만 아니라 캄페체 교구와 캄페체 시의 수호성인이기도 합니다. 거기다가 우리 주교님의 세례명이 프란치스코이니 주교님 영명 축일 축하 행사는 매해 당연히 우리 본당에서 치르게 됩니다. 그래서 매년 10월 4일 저녁에는 전 신자들을 초대해서 조촐하지만 행복한 본당 잔치를 치러 왔습니다. 케밥 스타일로 구운 고기에 토르티야와 채소만 충분히 준비하면 주교님을 모시고 500명 정도의 신자들과 함께 즐거운 만찬을 즐길 수가 있습니다. 검소한 주교님도 그런 축일 잔치를 더 좋아하십니다.

하지만 어제는 신자들과 함께 축제의 만찬을 즐길 수가 없었습니다. 저의 공식적인 초청에 응한 주 정부와 시 정부의 의전 담당자들이 이제 막 출범한 새 정부 주요 요인들의 경호상 문제를 이유로 100명 정도가 실내에서 하는 저녁 식사로 바꾸어 달라고 며칠 전에 공식 요청을 해 왔기 때문입니다. 며칠 전부터 주지사 경호팀에서 찾아와 성당 곳곳을 수색하고 성당 지붕까지 올라가서 꼼꼼히 살피는 모습을 보았기 때문에 무조건 거절할 수도 없었습니다. 다른 곳도 아니고 멕시코니까요.

어젯밤 내내 저는 축제의 개막을 알리는 테이프 커팅 자리 배정부터 식사 테이블의 좌석 배치까지 공식적인 의전 절차를 따라야 했습니다. 불편하고 거추장스러운 시간이었지요. 그러는 동안 축제의 주인이라고 할 수 있는 가여운 우리 신자들은 철저히 배제되어 들러리로 전락해야 했습니다. 행사에서는 만찬의 공식적인 호스트로서 본당 신부의 인사말과 축일을 맞은 주교님의 답사가 이어졌습니다. 그리고 나서 저는 식사가 끝날 때까지 메인 테이블에서 시장과 주 정부 문화국장 사이에 끼어 앉아서 그들의 끝없는 수다를 견디어 내야만 했습니다.

우리 본당에는 불문율이 하나 있습니다. 본당 잔치를 할 때는 어떤 차별도 없이 똑같이 준비하고 똑같이 나눈다는 것입니다. 지금까지 해마다 주교님도 신자들 사이에서 플라스틱 의자에 앉아 맨손으로 타코를 맛있게 드셨습니다. 이렇게 하는 이유는, 신자들이 세상 속에서 가족을 부양하느라 얼마나 많은 차별에 서럽고 아프게 시달리고 있는지를 생각한다면 적어도 그리스도의 집이라 불리는 교회만큼은 스승의 가르침에 따라 그들의 서러움과 아픔을 위로해 주는 역할에 충실해야 한다고 생각했기 때문입니다.

하지만 어제는 여러 가지 정황상 지금까지 잘 지켜 온 불문율을 깰 수밖에 없었습니다. 주 정부와 시 정부에서 요청했더라도 초청자인 제가 옳다고 생각하는 대로 밀어붙였다면 그리됐을 것입니다. 교회적이고 혁신적인 자리가 될 수 있었겠지요. 하지만 혁신에는 기득권층과의 화합을 깨뜨리는 역기능이 어느 정도 뒤따르기에 그런 점을 감수해야만 혁신을 이룰 수 있습니다. 하지만 저는 그런 점을 감수할 만한 용기가 없었습니다.

언뜻 생각하면 차별을 깨는 것이 화합에 더 유리해 보입니다. 그렇지만 세상은 그런 방향으로 돌아가지 않습니다. 세상은 차별을 인정하고 그 차별에 맞는 자리를 마련해 줄 것을 꾸준히 요구합니다. 제가 예수 그리스도를 인류 역사상 최고의 혁명가이자 혁신가로 꼽는 이유가 바로 그분의 혁명의 방식 때문입니다. 스승 예수께서는 칼과 창으로 모든 차별을 없애는 혁명을 시작하신 것이 아니라 자기 목숨을 내어놓는 사랑으로 혁명을 시작하셨습니다.

세상에 사랑이 없으면 어떻게 될지 상상해 봅니다. 그런 상상을 시작하는 순간 벌써 숨이 막혀서 죽을 것만 같습니다. 사랑하지 않으려면 왜 사는 것인지 그에 대한 답을 저는 모릅니다. 저는 사랑 때문에 살고, 사랑 때문에 울고, 사랑 때문에 비를 맞고, 사랑 때문에 웃고, 사랑 때문에 죽고, 사랑 때문에 별을 보고, 사랑 때문에 꽃향기를 맡고, 사랑 때문에 그리워하고, 사랑 때문에 길을 떠나고, 사랑 때문에 다시 돌아오고, 사랑 때문에 길 위에 서 있습니다.

2000년 전 스승께서 시작하신 사랑의 혁명에 저는 제 인생 전부를 걸었습니다. 스승께서 초대해 주신 사랑의 선교 사명이 제 운명이 되는 그날까지 저는 가는 길을 멈추지 않을 것입니다. 방향만 맞는다면 그 길은 넘어지고 깨어지더라도 걸어야 할 가치가 있는 길이겠지요. 그리고 길을 걷다가 어느 순간 문득 깨달을 것입니다. '이것이 사랑이구나! 내가 사랑이구나!' 하고 말이지요.

예수님의 혁명이 실패했다고 말하는 사람들도 있습니다.

하지만 그렇지 않습니다. 아직 그 혁명은 끝나지 않았습니다. 끝나지 않은 혁명에 성급한 판단은 금물이지요. 예수님의 사랑의 혁명은 지금도 진행 중이고 앞으로도 계속 그러할 것입니다. 세상의 모든 차별을 이겨 내고 우리가 사랑 안에서 하나가 되는 순간 예수님의 사랑의 혁명은 완수됩니다.

저는 어젯밤 작은 혁명에 실패했지만 포기하지 않으려고 합니다. 제 마음이 사랑으로 가득 차서 더 이상 세상의 눈치를 보지 않아도 되는 때가 오면 그때 저는 비로소 온전한 그리스도인이 될 것입니다. 그때 비로소 저는 완전한 자유인이 될 것입니다.

## 두 개의 수레바퀴처럼

어젯밤 미사를 마치고 프란치스코 수호성인 축제에서 중요한 행사의 하나인 '여왕 즉위식'에 참여했습니다. 이는 원래 스페인 식민지 시절 에스파냐 국왕이 즉위할 때마다 '새로운 에스파냐'라고 불리던 중남미 전역에서 총독과 주교들이 모여 새로운 국왕의 즉위를 축하하는 예식을 가졌던 데서 비롯된 전통입니다. 이 예식에는 주지사, 시장, 국회의원들이 모두 참석합니다. 여기까지는 다 좋은데 한 가지 문제는 가톨릭교회의 대표로서 성 프란치스코 본당의 주임 신부가 꼭 참석해야 한다는 것입니다.

행사가 시작되고 귀빈 소개가 이어지면 매년 적어도 제게는 낯 뜨거운 장면이 연출됩니다. 주지사와 시장에 이어 제가 소개되면 행사에 참석한 많은 사람들이 일제히 박수를 치며 '파드레 구아포'를 연호합니다. 정치인들은 자기 필요에 따른 자리와 시간에만 얼굴을 보이다 보니 아무래도 사람들은 그들에게 친근함을 가질 수 없나 봅니다. 그에 비해 이미 5년 동안 이 구역에서 신자들과 동고동락해 온 이웃인 제게 더 편안함을 느끼고 친근하게 대하는 것이겠지요. 이는 지역 주민에게 어쩌면 당연한 일일 것입니다.

종교와 정치! 저는 행사 내내 이렇게 조금은 복잡하고 어려운 주제를 가지고 생각에 잠겨 있었습니다. 종교와 정치는 인간의 내면적이고 영적인 삶과 외면적이고 현실적 삶이라는 두 개의 수레바퀴와도 같습니다. 종교는 절대자의 가르침을 바탕으로 인간의 가치와 사랑을 유지시키는 행위나 조직입니다. 이에 반해 정치는 현실적으로 존재하는 서로 다른 이해 집단 간의 갈등을 해소하고 사회를 조화롭고 질서 있게 유지시키기 위한 행위나 조직입니다. 그렇기 때문에 종교와 정치는 자신들에게 맡겨진 기능에 충실함으로써 행복한 세상을 만드는 일에 상호 협조해야 합니다.

종교는 현실 세계를 움직이는 실제적인 조직으로서 어느 정도 정치의 도움을 받을 수 있고, 또 반대로 정치는 사람들의 가치관 형성을 돕고 마음을 움직이는 도구로서 종교의 도움을 받을 수 있습니다. 하지만 어떤 형태로든지 정치와 종교가 서로의 이익을 위해서 타협하거나 불의한 방법을 모색하여 세상을 이끌고자 한다면 바로 그때 둘 다 타락하게 됩니다. 마찬가지 이유로 정치와 종교가 신념과 이념의 대립을 이유로 서로를 적대시해서도 안 됩니다. 그것은 양쪽 모두의 존재 이유라고 할 수 있는 행복한 세상을 만드는 일에 반하는 것이고 그 피해는 일반 시민들이 받게 되기 때문입니다.

종교와 정치! 한마디로 너무 멀어서도, 너무 가까워서도 안 되는 사이입니다. 사람들이 행복하게 사는 세상을 만들려면 한쪽은 인간의 가치와 사랑을 말하고, 또 다른 한쪽은 현실적인 갈등 해소를 통한 조화와 질서를 추구하면서 두 개의 수레바퀴처럼 적당한 간격을 두고 굴러가야 합니다. 두 개의 수레바퀴가 함께 굴러가되 언제나 중요한 것은 속도가 아니라 방향입니다. 가난한 사람들도 행복하게 살 수 있는 세상, 인간이 인간답게 살 수 있는 세상, 서로 다른 생각을 가진 사람들이 서로 조화를 이루고 관용을 베푸는 세상을 만드는 방향으로 흘러가야 합니다.

만약에 종교와 정치라는 두 개의 수레바퀴가 이와는 전혀 다른 반대 방향으로 달려간다면 과연 그 두 조직은 무슨 쓸모가 있겠습니까? 유럽의 성당들이 왜 텅텅 비어 가는지, 왜 사람들이 정치라는 말만 들으면 인상을 찌푸리고 고개를 젓는지 종교 지도자와 정치인이 깊이 생각해 봐야 할 것입니다.

## 라 쿠카라차

 22일간 이어진 기나긴 축제도 이제 서서히 그 끝자락이 보이기 시작합니다. 어젯밤에는 아주 특별한 행사가 있었습니다. 멕시코 연방 경찰의 마리아치Mariachi 공연 팀이 본당 옆에 설치된 특별 무대에서 공연한 것입니다. 마리아치는 바이올린, 기타, 하프, 만돌린, 더블베이스와 트럼펫 등 보통 12명 정도의 연주자들로 구성되어 주로 멕시코 민요와 전통 가요를 부르는 팀을 지칭하는 말입니다. 유네스코의 '세계 무형 문화 유산'으로도 등재된 마리아치는 멕시코인들이라면 태어나서 죽을 때까지 떼려야 뗄 수 없는 멕시코의 역사이자 문화 그 자체입니다.
 두 시간 넘게 이어진 공연 내내 공연장으로 마련된 돔은 신자들의 뜨거운 환호로 가득했습니다. 연방 경찰 마리아치 팀이 멕시코 전체에서도 일류로 손꼽히는 팀이기도 하거니와, 경찰 조직의 특성상 멕시코 사람들이 '비바 메히코, 멕시코 만세'를 연호할 만한 역사적인 의미를 가진 노래들을 선별해서 부른 까닭이라고 저는 생각했습니다.

그 군중들의 뜨거운 열기 속에서 저는 홀로 이방인으로 작아지고 있었습니다. 공연의 첫머리에 본당 신부가 소개될 때만 해도 신자들의 열렬한 박수와 환호 속에 저도 멕시코라는 나라와 많이 가깝고 친근한 존재가 되어 간다고 느꼈었는데 말입니다. 하지만 시간이 흘러 공연이 점점 절정을 향해 뜨거워질수록 저는 외로움을 느끼고 있었습니다. 저는 그동안 유명한 멕시코 민요들에 담긴 역사적인 배경과 의미와 같은 정보들을 개인적으로 공부하여 습득했습니다. 그렇지만 그런 지식은 지금 제 앞에서 민중들이 목이 터져라 부르는 민요의 그 생생한 느낌을 살려 주기에는 역부족이었습니다.

예를 들면 이렇습니다. 1910년대에 멕시코 농민 혁명이 일어났을 때 '판초 비야Pancho Villa'를 사령관으로 한 농민 군대는 백만 명에 가까운 희생을 치러 가면서도 꾸준히 바퀴벌레와도 같은 생명력으로 혁명을 이어 가고 있었습니다. 이때 농민 혁명군이 부른 노래가 '라 쿠카라차', 즉 바퀴벌레입니다.

 1980년대 한국에서는 이 노래를 국정 교과서에 집어넣기 위해 내용을 전부 바꾸고 순화했습니다. 그래서 저는 이 노래를 처음 접할 때 '병정들이 행진한다. 이 마을 저 마을 지나, 소꿉놀이 어린이들 뛰어와서 쳐다보며……'라고 시작하는 동요 정도로 이해했습니다. 그러한 저는 도저히 멕시코 민중들의 한과 애환이 서린 혁명 음악의 느낌으로 이 노래를 이해할 수가 없습니다.

 하지만 우리 신자들에게는 이 노래가 본인들이 직접 경험했거나 아니면 적어도 할아버지, 아버지 세대로부터 매일 들어 왔던 살아 있는 근대사거든요. 그러니 '라 쿠카라차 라 쿠카라차 야 노 푸에데 카미나르, 포르케 노 티에네 포르케 레 팔타 마리후아나 케 푸마르'(La cucaracha la cucaracha ya no puede caminar, porque no tiene, porque le falta marijuana que fumar. 바퀴벌레, 바퀴벌레, 이제는 더 이상 행진할 수 없다네. 더 이상 피울 마리화나가 없어서, 마리화나가 떨어져서.)라는 원곡을 들으며 웃고 울면서 그 시대를 느낄 수 있지요. 그리고 그러한 멕시코인들 속에서 저는 철저히 이방인이 될 수밖에 없었습니다.

 역사라는 것이 이렇습니다. 갑자기 어떤 세력의 입맛에 맞도록 그 흐름을 바꿀 수 있는 것도 아니고, 학습을 통해서 갑자기 깊은 이해가 생기는 것도 아닙니다. 역사는, 특히 근대 역사는 민중들이 웃고 울면서, 살고 죽으면서 피부로 느낀 감각들이 유전자를 타고, 핏줄을 타고 전해지는 생생한 과거이자 영원한 현재입니다. 그러므로 후세들에게 역사에 대한 좀 더 다양한 접근과 이해의 통로를 보장해 줌으로써 역사 자체가 자연스럽게 방향을 잡아 흘러갈 수 있도록 환경과 장치를 마련하는 것이 우리가 할 수 있는 최선의 길입니다.

한국에서 벌어지고 있는 국정 교과서 전환과 관련한 논쟁에 대해 역사학 관련 전문가들과 교수들이 깊은 우려를 표방하며 어떤 형태로든지 국사 교과서 국정화 작업에는 참여하지 않겠다는 성명을 낸 바 있습니다. 이에 대해 일부 정치인들이 역사학 분야에서 최고의 권위자인 이분들의 고뇌와 우려를 아무렇지도 않게 "역사학자들의 90퍼센트 이상이 좌경화되어 있다."라는 말로 받아쳤는데, 그들의 경박한 역사관이 참으로 안타깝습니다. 역사는 한 자루 소총처럼 기계적으로 우 클릭, 또는 좌 클릭 할 수 있는 것이 아닙니다.

## 감정의 내공을 쌓으려면

　오늘은 사제관에 설치된 물탱크를 점검했습니다. 정전이 잦아서 수돗물이 자주 끊기다 보니 여간 불편하지 않더군요. 지붕에 플라스틱 물탱크가 있기는 합니다. 하지만 용량이 너무 작아서 사제관과 수녀원 두 곳에서 사용하기에는 그 양이 턱없이 부족합니다. 본당의 마누엘 씨가 사제관 지하에 있는 물탱크에 들어가서 확인해 보았습니다. 몇 해 동안 청소를 하지 않아 석회 성분이 관을 모두 막아 버린 데다 바닥에까지 엄청난 양이 축적되어 도저히 사용할 수 없을 정도였습니다. 그래서 물탱크를 다시 사용하기 위해 오전 내내 배관을 교체하는 작업을 하고 청소를 해야 했습니다. 이제 커다란 물탱크를 하나 더 확보한 셈이니 앞으로 단수로 인한 불편함을 크게 줄

일 수 있게 되었습니다.

어떤 분이 제게 물었습니다.

"감정의 내공을 쌓으려면 어찌해야 합니까? 대단한 정도는 아니더라도 얼굴 붉히지 않고, 목소리 높이지 않고, 떨지도 않고 어떤 상태에서든지 숨 몇 번 쉬고 나면 넘길 수 있는 그런 정도가 되려면 말입니다."

저는 이렇게 답장했습니다.

"감정의 내공이란 것이 따로 뭐가 있겠습니까? 행복한 때를 떠올리면서, 사람 만나는 동안에는 아무렇지도 않은 척 가만히 있는 거지요. 그러다가 집에 와서 포도주 한잔하고 자면 되지요."

그랬더니 이어서 또 다른 질문이 왔더군요.

"무심하게 살고 싶은데 가끔은 생각의 무게에 짓눌릴 때가 있습니다. 머릿속을 비우고 싶을 때 신부님은 어떻게 하시는지 좀 알려 주십시오."

다시 답장을 보냈습니다.

"혼자 개그콘서트 봅니다."

내공內功이란 오랜 공부와 많은 경험을 통해서 존재의 내면에 축적한 힘을 의미합니다. 이러한 내공이 밖으로 나와 세상과 사람을 대하는 힘으로 드러나게 되면 그것을 외공外功이라고 할 수 있겠지요. 키우던 말이 집을 나가도, 그 말이 다른 말과 함께 돌아와도, 아들이 그 말을 타다가 다리가 부러져도, 전쟁이 나서 모든 젊은이들이 전쟁터로 나가 죽어 가는데 다리가 부러진 아들만 아버지 곁에 남게 되었어도 그때마다 일희일비一喜一悲하지 않고 평상심으로 대할 수 있으려면 대단한 내공이 필요합니다. 이 내공이라는 것은 마치 땅 속에 묻힌 물 저장소와도 같기에 세상에 나가기 전에 자신의 존재 안에 그 공간을 갈고 닦고 채워야 합니다. 이러한 공간이 크면 클수록 더 혹독한 상황에서도 그 안의 힘이 밖으로 더 오래 뿜어져 나올 수 있겠지요.

  이를 위해서는 혼자 있는 시간과 세상을 대하는 시간이 조화를 이루게 하는 것이 좋습니다. 도시 생활을 하는 요즘 사람들은 혼자 있는 것을 두려워하는 나머지 항상 도시 한복판에서 다른 사람과 함께 무엇인가를 해야 행복하다고 생각합니다. 그러나 세상과 사람들 사이에서 아무리 복잡하고 다양한 상황이 벌어지더라도 평상심으로 한결같음을 유지하는 것이 외공이고, 이러한 외공은 내공의 발로發露입니다. 그렇기에 자신의 내면에 큰 힘을 담을 수 있는 그릇을 확보해 놓지 못한 사람은 세상과 사람 사이에서 갈등이 있을 때 느끼는 괴로움이 더욱 클 수밖에 없습니다.

내공을 키우고 싶다면, 혼자 있는 시간이 익숙해지고 편안해져서 나중에는 정말 행복하다고 느낄 때까지 자주 혼자 있는 연습을 하는 것이 도움이 됩니다. 혼자서 책을 읽고, 혼자서 차를 마시고, 혼자서 땀을 흘리고, 혼자서 별을 세고, 혼자서 눈을 감고 면벽을 해 보세요. 그렇게 보내는 낮과 밤이 늘어날수록 세상과 사람을 대하는 태도에 깊이가 생길 것입니다. 어쩌면 오늘날 이토록 세상이 어지러운 것은 혼자 있는 시간을 행복하게 느끼지 못하는 사람들이 서둘러 세상에 나가서 사람들을 대하기 때문이 아닐까요? 거대한 우주 안에서 홀로 서 있는 자신을 만나는 시간을 많이 가지도록 합시다. 내공을 쌓기 위해서 꼭 필요한 일입니다.

## 수인의 기도

2주 전에 성당에 도둑이 들어 본당 축제 기간 중에 모인 봉헌금과 전교 주일 특별 헌금을 몽땅 털어 갔습니다. 그 뒤로 검찰 수사관들이 몇 차례 방문했지만 그뿐, 아무런 진전이 없었습니다. 오히려 지난주 화요일에는 신원을 알 수 없는 낯선 젊은이들이 성당을 방문한 일이 있었습니다. 두 차례 방문 때마다 모두 문을 열어 주지 않았기 때문에 직접 마주치지는 않았습니다. 하지만 두 번째 방문 후에는 몸조심하고 더 이상 신고하지 말라는 내용이 담긴 협박성 편지가 성당 앞에 남겨져 있었습니다.

더욱 기가 막힌 일은 바로 다음 날 일어났습니다. 지문 채취와 수사에 필요하다며 검찰 수사관들이 편지를 가져갔는데,

그 사실과 편지의 내용까지 다음 날 신문에 고스란히 실린 것입니다. 편지에는 신고를 하지 말라는 내용도 포함되어 있었는데 마치 잘 신고가 되었다고 광고라도 하듯이 이렇게 신문 기사에 나와 버리니 이런 검찰을 어떻게 믿을 수 있겠습니까? 이곳 사람들이 별별 사건이 벌어져도 신고를 안 하는 이유를 알 것 같았습니다.

도둑 사건 이후로 성당 곳곳에 방범 카메라를 설치했습니다. 세상이 참 좋아져서 인터넷으로 연결하기만 하면 제 스마트폰으로 성당에서 벌어지는 일을 실시간으로 확인할 수 있으니 안전에는 큰 도움이 될 것 같습니다. 하지만 반대의 시각에서 생각해 보면 성당에서 일상 대부분을 보내야 하는 제 사생활이 24시간 적나라하게 드러난다는 말과 똑같습니다. 몇 시에 어디로 움직이고, 누구를 만나며, 무엇을 사서 사제관에 들고 들어가는지 모두 녹화되고 있으니 감옥도 이런 감옥이 없습니다.

이어서 성당과 사제관의 자물쇠와 잠금장치도 모두 교체했습니다. 이번 사건에서도 열쇠가 내부에서 밖으로 새어 나가서 복사되었다고 추정되기 때문입니다. 하지만 저 혼자서 하루 24시간 성당의 출입문을 통제할 수는 없는 노릇이라 성당

직원들에게 철저한 관리를 부탁하면서 사제관이며 제의방으로 통하는 문의 열쇠를 몇 개 복사해서 나누어 줄 수밖에 없었습니다.

또한 이런 상황인지라 유일하게 저만 사용하는 공간인 제 방의 방문에서 방충망을 떼어 내고 거기에 철문을 설치했습니다. 몇 푼 되지는 않지만 그래도 본당 돈을 제 방에다 보관하고 있으니 어쩔 수 없었습니다. 그래서 철문 제작하는 업체에 최대한 우아하고 부드러운 분위기로 만들어 달라고 부탁했는데 완성된 모양새를 보니 100퍼센트 감방 철문입니다. 마치 수인囚人이 되어 매일 스스로 만들어 놓은 철창을 열고 들어가서 자고 날이 밝으면 또 스스로 열고 나오는 생활을 하는 기분입니다.

썩 달갑지 않은 이런 상황들은 모두 한 번의 죄가 만들어 낸 결과입니다. 한 번 유혹에 빠져 범죄를 저지르면 그것만으로 끝나지 않습니다. 쇠사슬처럼 연결된 다른 어지러운 상황들이 계속해서 벌어지게 됩니다. 그래서 많은 사람들이 커다란 불편을 겪어야 하지요. 이럴 때 가장 좋은 방법은 자신이 저지른 잘못을 인정하고 마음속 깊이 통회하면서 하느님과 피해를 입은 사람들에게 용서를 비는 것입니다. 그리고 원래의 상태대로 회복시키려고 최대한 노력해야 합니다.

죄罪는 생각과 말과 행동으로 나쁜 줄 알면서도 자유 의지로 하느님의 계명을 거스르거나, 마땅히 해야 할 의무를 소홀히 하는 것을 말합니다. '나쁜 줄 알면서도 자유 의지로' 저지르는 것이므로 죄는 단순한 실수와 다릅니다. 살아가면서 우리는 크고 작은 죄를 저지르게 됩니다. 성인聖人들도 피해 갈 수 없는 것이 죄입니다. 우리는 세상의 수많은 유혹 앞에 너무나도 약한 존재이기 때문입니다.

하지만 '죄가 많은 곳에 은총 또한 충만하다.'(로마 5,20 참조)라는 바오로 사도의 말씀은 이렇게 연약한 존재인 우리에게 큰 위로가 됩니다. 죄를 뉘우치고 용서를 청함으로써 하느님과 세상과 다시 화해하는 그 자리에 우리 주 그리스도의 은총이 충만히 내릴 것이기 때문입니다.

"주님, 살아오면서 지은 크고 작은 죄를 모두 고백하오니 저를 용서해 주소서. 저를 도와주소서."

## 송양지인

　종지기 훌리앙 아저씨가 오늘 성당을 떠나셨습니다. 그동안 20년 넘도록 성당의 창고 한편에서 숙식하면서 매일 미사 시간이 30분 남았다고, 15분 남았다고, 그리고 이제 시작한다고 종을 세 번씩 치던 분이셨습니다. 아마도 집집마다 시계가 없던 시절 성당의 종소리를 듣고 미사에 달려오는 신자분들을 위해 생긴 직업일 것입니다.

　그런데 최근 잇달아 발생한 불미스러운 일들 때문에 훌리앙 아저씨가 성당 내에서 숙식하는 것이 더 이상은 곤란한 지경에 이르렀습니다. 성당의 가장 깊숙한 곳에 자리 잡은 훌리앙 씨의 숙소를 방문하는 사람들이 대부분 가톨릭 신앙과는 거리가 먼 사람들이기 때문입니다. 가끔씩은 거리의 여자들이 방문하기도 했고, 이번 사건의 용의선상에 오른 사람들이 대부분 훌리앙 씨의 숙소를 방문하는 사람들이었기 때문입니다. 사람을 의심하는 것은 범죄를 저지르는 것만큼 나쁜 일인 줄 잘 알지만 매번 도난 사건이 벌어질 때마다 훌리앙 씨가 가지고 있던 열쇠가 없어졌다는 사실은 우연이라고 치기에는 너무나도 이상한 일이었습니다.

결국 사목회에서 훌리앙 씨를 내보내기로 결정했고 저는 그분과의 면담을 통해 그 사실을 알려야 하는 역할을 맡았습니다. 다른 사람을 통해서 듣는 것보다는 결국 최종 책임자인 본당 신부가 직접 알리는 것이 낫겠다는 판단이 들었습니다. 여든이 넘은 훌리앙 씨에게 그동안 살던 자리를 비우고 떠나야 한다고 통보하는 일은 쉽지 않은 일이었습니다. 하지만 책임을 맡은 사람으로서 어쩔 수 없이 해야 하는 일이었지요.

어렵사리 공적인 통보를 한 뒤 사적인 질문을 몇 가지 드렸습니다. 그동안 모아 두신 돈이 얼마나 되는지가 가장 궁금했습니다. 훌리앙 씨는 그동안 모아 둔 돈이 단 한 푼도 없다고 했습니다. 훌리앙 씨가 떠나고 난 뒤에 이제 제가 할 일이 또 하나 생긴 셈입니다. 그러나 훌리앙 씨를 위해 제가 할 일이 있다는 것이 오히려 악역을 맡고 난 뒤 제 마음에 위로가 되었습니다. 그렇지 않았더라면 보행기에 몸을 의지한 채 터벅터벅 성당을 걸어 나가는 훌리앙 씨의 뒷모습을 바라보지도 못하고 황급히 몸을 돌려야만 했을 것입니다.

송양지인宋襄之仁이란 옛날 송나라 양공의 어짐을 뜻하는 한자성어입니다. 어리석고 과도하게 인정이나 동정을 베풀다가 주변 사람들에게 큰 화를 입히는 경우를 두고 비웃으며 하는 말이지요. 인간적인 따뜻함과 약자에 대한 배려는 사람으로서 가져야 할 아주 중요한 덕목입니다. 하지만 어떤 책임을 맡고 있는 이들에게는 공公과 사私를 잘 구분하여 현명하게 일처리하는 태도도 이에 못지않게 중요합니다. 인간적이고 사적인 감정에만 휩싸이다 보면 자신이 맡은 책임을 다하지 못하여 많은 사람들에게 불편과 혼란과 손해를 끼칠 수 있기 때문입니다. 오늘 훌리앙 아저씨를 보면서 송양지인이라는 말을 다시금 되뇌이고 있습니다.

## 잉여에 집착하지 마세요

이곳 멕시코에는 '그리스도의 피'를 뜻하는 '상그레 데 크리스토Sangre de Cristo'라는 꽃나무가 있습니다. 처음에는 노란색 잎이 나오다가 점점 그 색깔이 핏빛으로 짙어지는 관상용 식물입니다. 몇 해 전 성당 리모델링을 하면서 그 꽃나무를 새로 생긴 교리실 앞의 화단에 심어 놓았습니다. 그러다가 너무 빽빽하게 자랐길래 한 달 전쯤에 그중 두 그루를 화분에 옮겨 심었습니다.

그런데 이 꽃나무는 옮겨 심은 지 며칠 지나지 않아서 이파리가 바싹 마르더니 이내 다 떨어져 버리고 앙상한 몸통만 남게 되었습니다. 그러자 몇몇 신자들이 수군거렸습니다.

"아니, 본당 신부님은 왜 멀쩡한 나무를 화분에 옮겨 심어서 다 죽였는지 몰라. 그리고 죽은 나무에다 뭐하러 계속 물을 주는 거야? 한 번 죽은 나무가 다시 살아나기라도 하나?"

하지만 저는 나무가 죽지 않았다고 생각했습니다. 초보자 수준이지만 그래도 몇 년 동안 땅을 만지면서 살아 보니 식물에 대해 조금 알게 되었기 때문입니다.

잎이 다 떨어져서 '죽은 나무'에서 요즘 드디어 한 달 만에 노란색 이파리가 돋아나기 시작했습니다. 먼저 화분으로 이식한 나무에서는 벌써 샛노란 이파리가 아주 예쁘게 자라나 있었습니다. 그 뒤에 이식한 나무에서도 지금 막 노란 개나리꽃처럼 작은 이파리들이 꼬물꼬물 기어 나오고 있었습니다.

이식된 나무는 새로 옮겨진 환경에서 살아남기 위해 뿌리를 깊이 박는 일에 모든 기능을 집중합니다. 그러니 당분간 영양분과 수분의 소모를 최소화하기 위해서 생존에 덜 중요한 나뭇잎을 전부 다 떨어뜨리는 것입니다.

이렇듯 자연 앞에서 배우는 것이 참으로 많습니다. 식물들이 자라면서 우리에게 가르쳐 주는 것을 가만히 바라보고 있노라면 참으로 단순하지만 대단한 깊이가 느껴집니다. 살아남는 일에 집중하면서 일어나는 모든 현상들은 정말 자연스럽습니다. 식물들은 살아가는 일에 무리를 하거나, 부자연스럽거나, 불편한 욕심을 내는 일이 없습니다. 딱 살아가는 데 필요한 만큼만 취하고, 생존에 빨간불이 켜질 때면 자신의 일부분이라도 내려놓는 일이 자연스럽습니다. 그 꽃나무가 이파리까지 다 떨어뜨리고 죽은 것처럼 보일지라도 그 내려놓음은 살기 위한 나무의 자연스러운 행위입니다.

사람은 이와 다르지요. 살아가는 데 꼭 필요한 것을 이미 다 가졌으면서도 더 가지지 못해서 불행하다고 생각하며 살아갑니다. 지금 꼭 필요한 것이 아니라면 지금 당장 그것이 없어서 고통을 겪거나 죽어 가는 사람들에게 나누어 주어도 좋으련만, 어디 둘 곳도 없는데도 머리에 어깨에 이고 지고 살아갑니다. 당연히 무겁고 불편하겠지요. 사람들은 더 가지기 위해 그렇게 불편하고 무거운 삶을 스스로 선택해서 살아갑니다.

이는 살기 위한 소유가 필요없다는 뜻이 아닙니다. 조금만 더 욕심을 내 보자면, 안정적인 삶을 누리려면 '잉여剩餘'가 어느 정도 필요하다고 말할 수 있습니다. 옛사람들에게 잉여라는 말은 겨울을 나고 춘궁기를 이겨 낸다는 의미가 담겨 있었습니다. 그러나 지금은 이 잉여가 문제를 일으킵니다. 겨울을 나기 위해 먹고 쓰고 남은 '나머지 조금'만 잉여로서 필요했었는데 지금은 '잉여'의 한도에 끝이 없습니다. 모두가 한평생 일

안 하고 잘 먹고 잘사는 정도를 넘어서 내 자식 대까지, 내 손자 대까지 잘 먹고 잘살 수 있는 잉여를 축적하려고 합니다. 획득할 수 있는 재화는 한정되어 있는데 욕심은 끝이 없으니 불행한 사람들로 넘쳐 나기 마련인 구조가 됩니다.

    잉여에 너무 집착하지 마세요. 잉여에 집착하는 순간 나라는 존재도, 나의 삶도 사라져 버리고 맙니다. 별을 보고 바람을 맞고 들꽃 향기에 취하는 재미에 빠져 보세요. 내가 가진 것을 나보다 더 그것을 필요로 하는 사람과 나누는 아름다운 행위에 빠져 보세요. 그것이 인생입니다.

## 달빛이 창문을 두드릴 때

 어젯밤 이래저래 생각할 것이 많아 잠을 이루지 못하고 뒤척이고 있었습니다. 그때 슬며시 창문을 두드리는 누군가가 있었습니다. 이윽고 그녀는 갈라진 블라인드 사이로 슬그머니 모습을 드러냈지요. 그녀는 달빛이었습니다. 반가운 마음에 얼른 일어나 블라인드를 걷어 보니 커다란 보름달이 바로 눈앞에 둥실 떠 있었습니다.
 '시간이 벌써 그렇게 흘렀나?'
 얼른 스마트폰을 꺼내어 음력을 확인해 보니 보름이 이틀이나 지난 밤이었습니다. 그래도 그녀는 이렇게 나를 방문하여 잠 못 이루는 밤을 밝혀 주었네요.
 예로부터 우리 민족은 달을 아주 친근하게 생각했습니다.

강력한 힘과 아버지를 상징하는 태양보다는 소생과 풍요와 생명을 상징하는 달이 어머니 품처럼 따뜻하게 우리를 보듬어 주곤 했습니다. 달은 손자를 보지 못해 안타까워하는 할머니의 소원도 들어 주고, 한 많은 과부의 사연도 들어 주곤 했습니다. 전쟁터에 나간 아들의 안녕을 비는 어머니의 기도와 깊은 밤 전장에서 어머니를 그리워하며 소리 죽여 울던 아들의 그리움도 이어 주었지요.

그래서인지 둥근 보름달을 가만히 보고 있노라면 저는 절로 마음이 포근해집니다. 살아가면서 세상살이가 녹록치 않다고 느껴질 때, 머나먼 선교지에서 가끔씩 삶이 피곤하게 느껴질 때, 어머니의 품과 형제들의 웃음소리가 그리울 때, 인생의 어느 순간에 친구로 만나 지금까지 좋은 인연으로 같은 길을 걷는 사람들이 그리울 때가 있습니다. 그럴 때 보름달을 두 눈에 가득히 담고 있으면 모든 생각, 모든 느낌, 모든 감각이 따뜻해지는 느낌을 받게 됩니다. 보름달을 가슴으로 가만히 품고 있으면 모든 어려움이 씻어지는 것 같습니다. 과연 보름달은 어머니입니다. 애인이기도 하고요. 친구이기도 하지요.

그렇게 달을 보며 한참을 누워 있다가 설핏 잠이 들었나 봅니다. 잠에서 깨어나 시계를 보니 6시가 되었습니다. 오늘 아침에는 동료 신부님들과 교구 신학교에서 만나기로 약속이 되어 있습니다. 그래서 평소보다 이른 시간에 강아지 필로토를 밖에 내보내 생리현상을 해결해 주고 사제관을 나섰습니다.

와아! 그런데 이게 웬일이랍니까? 서편 새벽하늘에 어젯밤 대화를 나누던 어머니가, 그녀가, 친구가 아직 떠 있습니다. 마치 저를 기다리기라도 한 듯 말입니다. 이제 다시 만나려면 한 달을 기다려야 하니 헤어지는 것이 못내 아쉬워 새벽에 길을 나서는 저를 기다리고 있었나 봅니다.

달빛이 창문을 두드리는 소리를 들은 적이 있나요? 서편 새벽하늘에서 당신을 기다리며 떠 있는 그리운 사람들을 본 적이 있나요? 달빛만 있어도 이렇게 행복한데 무엇을 더 걱정하십니까? 달빛을 보면서 그처럼 다른 이들을 따뜻하게 안아 주고, 기다려 주고, 행복하게 해 주는 그런 존재가 되자고 다시 한 번 다짐합니다. 제가 당신의 달빛이 되고 당신은 저의 달빛이 되는 모두가 행복한 그런 날을 고대합니다. 그날이 언젠가는 오겠지요.

## 신사의 조건

이번 학기 마지막 교회법 수업이 있는 날이었습니다. 8명으로 시작한 이번 학기는 중간에 두 명이 신학교를 그만두고 나가서 6명으로 끝을 맺었습니다. 수업을 다 마치고 저는 한국식으로 조촐한 책거리를 해 주었습니다. 원래 책거리는 서당에서 학동이 책 한 권을 떼면 학부모가 훈장을 상객으로 모시고 잔치를 벌이는 것이었지만 누가 준비하면 어떻답니까? 한 해 동안 쉽지 않은 교회법의 역사와 일반 규범에 대해서 공부하느라 수고했으니 작은 파티 정도는 있어야겠지요.

보통 목요일 강의를 마치고 나오면 신학교 근처에 있는 아시아 식품을 파는 슈퍼마켓에 가서 두부, 쪽파, 무, 아시아 배, 간장, 참기름 등을 삽니다. 오늘은 선교 실습 중인 한국 신학생 두 명이 점심을 먹으러 온다고 해서 소불고기 거리를 준비하느라 정육 코너까지 들렀더니 카트가 절반 정도 차더라고요. 시장이나 슈퍼마켓에 들러서 일주일 동안 먹을 거리를 사고 나면 왠지 마음이 뿌듯한 게 아줌마가 다 된 것 같습니다.

계산대에는 사람들이 길게 꼬리를 물고 있었습니다. 좀처럼 줄이 줄어들지 않기에 고개를 빠끔히 빼서 계산대를 바라보았습니다. 남루한 원주민 복장을 한 아주머니 한 분이 돈이 부족해서 계산을 다 하지 못하고 어쩔 줄을 몰라 전전긍긍하고 있었습니다. 점원 아가씨가 퉁명스러운 말투로 "뭘 빼실 거예요?" 하고 묻는데도 자기한테 꼭 필요하다면서 애처로운 눈빛으로 점원을 바라보고만 있었습니다. 그런 광경에 줄 서 있는 사람들이 웅성거리기 시작했습니다.

제가 점원에게 다가가서 말했습니다.

"이분한테 모자라는 금액을 제가 치러도 괜찮다면 그렇게 해 주세요."

그리고 아주머니를 향해서도 말씀드렸습니다.

"세뇨라! 사신 물건들 다 넣어 가셔도 됩니다."

앞니가 다 빠져서 바람이 새는 스페인어로 아주머니가 연방 고맙다는 인사를 했습니다.

"천만에요. 저도 제 돈으로 계산한 것이 아닙니다."

다시 제 자리로 돌아오는 동안 줄 서 있던 사람들이 다시 수군거리기 시작했습니다. 잘 들리지는 않았지만 아마도 '저 중국인 꽤 멋있는데!', 뭐 이 정도 아니었을까요? 마치 영화에서나 볼 수 있는 신사가 된 느낌이었습니다.

몇 해 전 크게 흥행한 영화 〈킹스맨Kingsman: The Secret Service〉에서 주인공 콜린 퍼스가 말끔한 신사 복장을 하고 자꾸 시비를 거는 동네 불량배들을 혼내 주면서 이런 말을 합니다. "Manners maketh man." 현대 영어로 바꾸면 "Manners makes man.", 번역하면 "매너가 사람을 만든다." 정도가 되겠습니다. 누구나 교양 있고 품위 있고 예의 바른 사람, 곧 신사, 숙녀가 되기를 원합니다. 저 역시 당연히 신사가 되고 싶습니다. 하지만 신사와 숙녀는 돈으로 만들 수 있는 것이 아니라 그 사람이 세상 속에서 다른 이들과 어울려서 살아가는 방식과 태도로 만들 수 있는 것이라서 쉽지가 않습니다.

제가 추구하는 신사, 숙녀의 요건은 이렇습니다. 자신의 신념과 명예심을 지킬 줄 알아야 하고, 어려움에 처한 사람을 겸손한 태도로 도울 수 있는 마음을 가져야 하며, 삶의 지혜와 교양, 그리고 적당한 경제력을 갖추어야 합니다. 쉽지 않지요.

특별히 어려움에 처한 사람들을 모른 척하지 않고 겸손한 태도로 돕는 사람이 되려면 때에 따라서 용기도 필요합니다. 길게 줄을 늘어선 사람들을 지나 계산대로 다가가 다른 사람의 문제에 끼어들기란 쉽지가 않거든요. 오늘 슈퍼마켓에서 일어난 일을 계기로 우리가 잊고 살아가는 가치, 곧 삶과 인간에 대한 중요한 가치들에 관해 함께 나누고 생각해 보고 싶었습니다. 그리고 그리스도인들은 어떤 삶을 살아야 하는지 고민해 보고 싶었습니다.

## 제2장

### 사람답게
### 사는 게
### 꿈이라니요

## 당신이 교회입니다

길거리 미사가 다시 시작되었습니다. 앞으로 부활 시기 동안 본당에 소속된 아홉 개 구역을 방문하여 사람들이 지나다니는 길이나 공터에서, 혹은 환우가 있는 가정에서 미사를 봉헌하는 일입니다. 저는 2011년 성 프란치스코 본당에 부임하면서 본당 미사에 나올 수 없는 연로하신 분들이나 아픈 분들을 위해 '찾아가는 서비스'라는 기치를 내걸고 이 일을 시작했습니다.

한낮이면 40도까지 올라가는 뜨거움 속에서도 말씀의 식탁과 성찬의 식탁에 참여하려는 신자들은 열정이 꺾이지 않습니다. 어제는 한 신자의 집에서 미사를 봉헌했는데 그 집에 다 들어가지 못한 신자들이 길 위에 의자를 펼쳐 놓고 앉아서 제가 오기를 기다리고 있었습니다. 얼마나 감격스러운 장면입니까? 그래서인지 적어도 우리 본당의 할머니들 사이에서는 제가 여느 아이돌 가수 못지않게 인기를 누리며 살아갑니다.

이곳의 가난한 이들이 사는 집은 보통 벽돌을 쌓아 올린 뒤 그 위에 슬레이트라고 부르는 석면 시멘트 판을 얹어 놓은 게 전부입니다. 그러니 공기가 슬레이트에서 뿜어져 나오는 복사열에 데워져서 실내가 그야말로 한증막을 방불케 합니다. 대개 먼저 고해를 들은 뒤 미사를 시작하는데, 미사가 시작될 때쯤에는 이미 온몸이 땀으로 목욕한 것처럼 젖어 있습니다. 미사 중에도 쉴 새 없이 땀이 눈으로 흘러들어 가기 때문에 연신 안경을 벗고 땀을 닦으면서 미사를 드려야 합니다.

교회를 뜻하는 그리스어 에클레시아Ekklesia는 최종적으로 정책을 결정하는 권한을 가졌던 민중 회의를 일컫던 말입니다. 그리스 시민들의 회합을 나타냈던 이 말은 그리스도교가 널리 전파되는 가운데 근동 지방의 곳곳에 세워졌던 복음의 실천적인 사회 조직을 일컫는 말로 그 외연이 확대되어 오늘에 이르고 있습니다. 저는 글이나 강의에서 교회를 절대로 볼썽사나운 빨간 네온 십자가가 켜져 있는 건물로 생각하지 말라고 신자들에게 말하곤 합니다. 천문학적인 비용을 들여 도시의 한복판에 으리으리하게 세워 놓은 부자들의 건물, 장사꾼의 마음으로 화려하게 꾸며 놓은 시장 같은 건물이 교회를 뜻하는 것은 아니니까요.

교회는 그리스도를 따르는 사람들이 그분의 복음적 가르침을 세상 속에서 보다 구체적으로 실천하며 살아가려는 열망입니다. 교회는 처음부터 끝까지 예수 그리스도와 그분의 복음, 그분의 복음을 실천하며 살아가기를 원하는 사람으로 구성됩니다. 건물은 있어도 좋고 없어도 좋을 뿐입니다.

사람이 교회입니다. 그러니 사람들의 문제와 아픔을 외면한 채 오로지 '종교적인' 교회가 되겠다는 말은 어불성설입니다. 예수님의 가장 가까운 친구들이 가난하고 소외받는 이들이었습니다. 그래서 저는 이 글을 쓰고 나서 또다시 길거리 미사를 봉헌하러 나설 것입니다. 더워서 삐질삐질 땀을 흘린다 해도 저는 교회와 함께하고 싶으니까요. 늙고 병들어 외로운 분들과 함께, 가난하고 소외받는 예수님의 친구들과 함께 미사를 봉헌하면서 교회의 존재 이유와 목적을 잊지 않도록 노력하겠습니다.

# 롤 모델, 함제도 신부님

제가 신학생일 때 한국외방선교회 신학생들의 영성 지도를 담당해 주신 분이 바로 함제도Gerard E. Hammond 신부님입니다. 미국 메리놀 외방선교회 소속 신부님으로 20대의 젊은 청년 시절에 전쟁으로 폐허가 된 한국에 오셔서 평생을 보내신 위대한 선교사이십니다. 신학생 시절 함제도 신부님에게 받은 은혜와 그분의 가르침을 말할라치면 몇 날 밤을 지새워도 부족할 정도입니다. 저는 장난기와 유머감각, 겸손함과 신실함이 넘치는 그분의 삶을 사제 생활의 모범으로 삼아 지금까지도 그분을 닮으려 많이 애쓰고 있습니다.

함제도 신부님은 매년 한 번씩 우리 신학생들을 호텔 뷔페 식당에 초대해 주셨습니다. 비용이 꽤 많이 들어가는 일이었을 텐데 함 신부님께서는 춥고 배고프고 외롭고 가난한 신학생들의 처지를 생각해서 당시 신학원장 신부님의 외출 허락을 얻어 하루 동안 콧바람을 쐬어 주셨던 것 같습니다. 신학생들은 아침 식사로 라면을 끓여 먹은 뒤 승합차를 타고 점심 시간 즈음 서울의 한 유명 호텔에 도착합니다. 그러면 함 신부님이 미리 우리를 기다리고 계셨다가 뷔페 식당으로 인도해 주시고, 그때부터 우리는 뷔페 식당이 문을 닫을 때까지 산해진미를 즐기는 일에 집중합니다.

제가 함제도 신부님을 롤 모델Role model로 삼아 선교사로 살아가면서 가장 완벽하게 재현해 내고 있는 것이 바로 신학생들을 저녁 식사에 초대해서 배불리 먹이는 일입니다. 젊은 나이에 넓은 세상에서 뛰놀지도 못하고 기도와 노동, 그리고 학과 생활로 10년 이상을 신학교의 담장 안에서만 살기란 쉽지 않은 일입니다. 동료들과 공동생활을 하기도 결코 쉽지 않고요. 물론 성직에 나가기 전에 10년 이상 그런 수련을 받아 영적·사목적으로 단련이 되어야 할 필요는 있습니다. 가치도 있는 일이고요. 그래서 저는 이런 신학생들을 하루 저녁 밖으로 초대해서 콧바람을 쐬어 주는 일이 즐겁습니다.

캄페체 교구 신학교 학장 신부님에게 사정을 설명하여 특별 외출을 허락받고 나면, 저는 캄페체 시내에서 가장 좋은 식당을 예약합니다. 그리고 '보충 강의'라는 명목으로 신학생들을 초대해서 원하는 음식을 맘껏 먹도록 해 줍니다. 맥주도 한 잔씩 하도록 허락하지요. 제법 늦은 시간에 일반인들과 섞여 있는 식당에서 신학생들의 고충과 이런저런 살아가는 이야기를 듣다 보면 분명히 강의실에서와는 조금 다른 내용들을 들을 수 있습니다. 그러한 이야기가 그들을 이해하는 데 큰 도움이 되지요.

우리 한국외방선교회 신부님들이 한 달에 받는 생활비는 미화 300달러(한화 30만 원 정도)입니다. 연봉으로 환산하면 3,600달러이지요. 연봉이라고 해 봐야 직장인들의 한 달 월급에도 못 미치는 적은 액수일 것입니다. 그러니 어젯밤 신학생들을 초대했던 그런 고급스러운 식당에 쉽게 출입할 수 있는 상황은 분명 아닙니다. 하지만 저는 함제도 신부님에게 받은 은혜와 가르침을 반의 반이라도 갚고자 하는 마음에서 그분이 하신 것처럼 꼭 좋은 식당을 예약합니다. 제가 한국에 산다면 직접 함 신부님을 초대해서 더 좋은 식당에서 맛있는 음식을 대접해 드리고 싶지만, 그것은 여건이 허락하지 않으니 여기 선교지의 신학생들에게 대신 갚는다고 생각을 합니다.

신학생들과 식사하는 동안 저는 젊은 친구들의 이야기를 주로 듣고만 있다가 꼭 한 가지 부탁을 합니다. 나중에 신부가 되면 후배 신학생들에게 좋은 저녁을 대접하면서 그들의 고민과 살아가는 이야기에 귀를 기울여 달라고 말입니다. 함제도 신부님께서 시작하신 후배 사랑이 저를 통해 멀리 멕시코에서도 계속 이어지기를 기도합니다.

어제저녁 정글 지역에 있는 원주민 마을 출신 신학생 한 명이 지금까지 연어를 한 번도 먹어 보지 못했다고 하기에 연어 스테이크를 주문해 주었습니다. 태어나서 처음 먹어 보는 연어 맛이 어땠을까요? 그것은 바로 함제도 신부님의 사랑이 담긴 멋진 맛이었을 것입니다.

## 종교가 선택인 시대의 신앙

어제저녁 9시에 도밍고 씨가 전화를 했습니다. 밤 9시가 넘은 늦은 시간에 사제에게 전화가 걸려온다면 그것은 행복한 내용을 담고 있을 가능성이 매우 희박합니다. 아니나 다를까, 도밍고 씨의 어머니가 세상을 떠났다는 부고였습니다. 평소 성당 일에 헌신적인 자세로 봉사해 오신 도밍고 씨에게 이번 장례를 치르면서 작으나마 보답해 드릴 수 있다면 좋겠다는 생각이 들었습니다. 그리고 도밍고 씨 가족이 원하는 오후 1시에 장례 미사를 봉헌하기로 하고 전화를 끊었습니다.

그런데 전화를 끊고 나서 왠지 도밍고 씨가 제게 뭔가를 말하려다가 못하고 전화를 끊었다는 느낌을 지울 수가 없었습니다. 그래서 다시 도밍고 씨에게 전화를 걸었습니다.

"도밍고 씨! 내일 장례 미사에 파드레 프로스페로를 모시면 어떨까요? 프로스페로 신부님이 우리 본당에서 미사를 주례하면서 강론을 통해 도밍고 씨 가족을 위로할 수 있다면 돌아가신 어머니께 큰 기쁨이 될 것 같습니다."

도밍고 씨는 기다렸다는 듯이 "무차스 그라시아스 포르 수 제네로시다드Muchas Gracias por su generosidad(신부님의 관대함에 진심으로 감사드립니다.)"라고 거듭 말했습니다. 아마도 제 짐작이 그분 머릿속에 있던 생각을 제대로 읽은 것 같습니다.

프로스페로 신부님은 성 프란치스코 본당에서 이미 12년 동안 본당 신부로 사목하신 분입니다. 그때부터 도밍고 씨 가족과 매우 가까운 인연을 맺게 되어 지금까지도 좋은 인연을 맺고 있는 것으로 알고 있습니다. 아마도 통화 마지막에 주저하면서 차마 부탁하지 못한 내용이 프로스페로 신부님을 초대해도 되겠느냐는 것으로 짐작됐습니다. 하지만 도밍고 씨는 현직 본당 신부에게 전화를 걸어서 본당에서 봉헌하는 미사에 다른 신부님을 초대해도 되는지 부탁하는 것은 결례라고 생각했던 것 같습니다.

저는 오늘 오전에 장례식장으로 가서 예절을 하면서 유가족들에게 위로의 말을 전해 드렸습니다. 그리고 바로 본당으로 가서 프로스페로 신부님을 기다렸다가 다시 그분과 함께 장례 미사를 봉헌하기 위해 제대로 올라갔습니다. 아마 도밍고 씨 가족은 제가 장례식장에서 행한 예식만 하고 미사에는 참석하지 않을 줄로 생각했던 모양입니다. 저는 프로스페로 신부님의 옆에서 시중을 들며 온 정성을 다하여 세상을 떠난 도밍고 씨의 어머니 '마리아 헤수스' 님의 영혼을 위해 미사를 봉헌했습니다.

제가 유가족들을 특별하게 대접하고, 또 특별히 장례 미사를 정성스럽게 봉헌하는 이유는 제가 이미 유가족으로서 그 슬픔과 고통이 얼마나 큰지를 경험해 보았기 때문입니다. 천붕天崩을 경험한 뒤로 다른 유가족들의 슬픔과 고통 역시 얼마나 클 것인지를 헤아릴 줄 알게 되었습니다. 그렇기에 본당 신부가 한 번만 더 관대하고 친절한 마음으로 유가족들을 헤아려 주면 그들에게는 최고의 위로가 되는 것입니다.

21세기 오늘날 종교는 찬란했던 중세의 영광과 권위를 잃었습니다. 오늘날 종교는 과거처럼 꼭 가져야만 하는 필수 사항이 아닙니다. 원하면 가질 수도 있고, 원하지 않으면 버릴 수도 있는 선택 사항이지요. 이런 시대를 살아가면서도 성직자가 여전히 고압적이고 권위적인 모습으로 신자들을 대한다면 그러한 오만한 태도 때문에 민중은 종교가 '믿음직한' 선택이 아니라는 느낌을 받게 됩니다.

종교가 다시 민중의 마음을 얻고, 그들에게 존경을 받으려면 성직자가 철저하게 봉사하는 태도를 가져야 합니다. 가난한 사람들이 종교 안에서 차별받거나 무시당하지 않고, 슬픈 사람들이 종교에서 이 세상 어디에서도 받지 못하는 위로를 받을 수 있어야 합니다. 하늘을 섬기듯 사람을 섬기고, 땅을 어루만지듯 고통과 슬픔을 어루만지는 종교만이 존경받을 수 있습니다. 그렇기에 소속된 성직자의 수준은 그 종교의 수준과 밀접한 연관이 있습니다. 거룩한 가톨릭교회의 사제직을 수행하는 저는 이를 마음 깊이 새기고 싶습니다.

# 빗자루 구원

며칠 동안 오후 내내 비가 내려서 닭을 키우는 마당에 둔 모이 그릇에 빗물이 가득 고여 있었습니다. 비가 내리는 중에 개구리 한 마리가 흐르는 빗물을 타고 마당에 들어온 모양입니다. 개구리는 물이 필요했는지 그 모이 그릇에 뛰어들었다가 그릇이 미끄러워 빠져나가지 못한 채 둥둥 떠서 밖으로 나가려고 안간힘을 쓰고 있었습니다. 그대로 며칠 내버려 두면 탈진해서 죽을 것처럼 보였습니다. 측은지심이 들어 빗자루를 그릇에 넣어 주었더니 개구리가 그것을 타고 얼른 빠져나가더군요. 타자의 처지를 불쌍히 여기는 어떤 자비로운 마음이 하나 있었기에 자기가 살아날 수 있었다는 것을 그 개구리는 알았을까요?

지금까지의 인생을 돌이켜보면, 저도 모르게 아주 위험한 상황에 빠져들었다가 저 혼자의 힘으로는 도저히 거기서 헤어나지 못할 것 같은 위기감을 느낄 때가 있었습니다. 그럴 때마다 저는 그 위험한 상황에서 벗어나게 해 달라고 간절한 기도를 바치곤 했습니다. 그러면 어디선가, 누군가가 빗자루와도 같은 조그만 도움을 제가 처한 상황 안에 놓아 주었고 저는 그 자비로운 마음의 은혜를 입어 고비를 몇 차례 넘기면서 지금까지 살아올 수 있었습니다. 저는 자비로우신 주님의 은총이 언제나 넘치도록 와 닿았기에 모든 위태로운 상황을 이겨 내고 오늘에 이를 수 있게 되었다고 고백하지 않을 수 없습니다. 물론 그러한 주님의 자비는 언제나 주변 친구들을 통해 제 삶 안으로 흘러들어 왔습니다.

살아가면서 누구나 위험한 상황에 처할 때가 있습니다. 보통의 경우 아주 작은 관심과 도움 하나면 곧바로 해결될 수 있는 문제들이지요. 하지만 바로 그 조그만 도움 하나가 부족해서 빠져나오지 못하고 헤매고 있는 사람들을 우리는 주변에서 흔히 만날 수 있습니다. 그런 어려움에 처한 친구를 자비로운 마음으로 바라보며 아주 작은 도움을 줄 수 있을 때 우리는 자비로우신 주님을 닮은 제2의 그리스도가 될 수 있습니다.

간절하게 도움을 청하는 기도를 바치는 친구 옆에서 함께 기도해 주는 것도 중요합니다. 하지만 그 기도를 듣고 계시는 주님의 도구가 되어 그 친구에게 아주 작지만 직접적이고 구체적인 도움을 줄 수 있다면 그리하는 편이 훨씬 더 큰 사랑이 될 것입니다. 배가 고파서 먹을 것을 청하는 기도를 바치고 있는 친구가 있고 당신에게 나눠 줄 음식이 있다면, 그 절반을 나누어 줌으로써 당신이 그 기도를 실현시켜 주십시오. 목이 말라서 물을 간절히 원하는 친구가 있고 당신에게 한 병의 물이 있다면, 그 절반을 나누어 줌으로써 그 기도를 완성시켜 주십시오. 지금까지 우리는 나눠 줄 음식과 물을 가지고 있는데도 그것을 나눌 생각은 하지 않고 기도만 함께 바치고 있지는 않았는지 반성해 봐야 하겠습니다. 간절한 기도를 들어주실 때 주님은 언제나 사람이라는 도구를 먼저 이용하고 싶어 하십니다. 오늘 개구리에게 놓아 준 빗자루를 보면서 여러 가지 생각을 하게 됩니다.

## 너와 나는 행복을 잊어버렸다

한낮의 뜨거운 열기를 내뿜던 태양이 주변을 발갛게 물들이며 멕시코 만 서쪽으로 넘어갈 즈음 성당의 종탑에 올랐습니다. 해변가에 위치한 성당의 꼭대기에서는 캄페체 시내의 전경을 돌아볼 수 있기 때문에 가끔씩 먼 곳을 바라보고 싶을 때면 종탑에 오르곤 합니다.

높은 곳에서 세상을 내려다보면 좁은 구석에서 아등바등 싸우면서 살아가는 모습이 한심하게 느껴집니다. 높은 곳에서 먼 곳을 바라보면 한 치 앞도 못 보면서 잠시 숨도 고르지 않은 채 무조건 앞으로만 돌진하는 인생이 답답하게 느껴집니다. 높은 곳에서 넓게 그리고 멀리 보면 다른 세상이 보입니다. 다른 삶의 길이 보입니다.

종탑에 오른 뒤 '조금 쉬면서 천천히 가자.'라는 생각이 마음속을 가득 채울 때 서쪽 하늘에 시선이 닿았습니다. 저는 그만 '아!' 하는 탄식과 함께 그 자리에 얼어붙은 듯 넋을 잃고 한참을 서 있었습니다. 누군가 서쪽 하늘에 '흐린 가을날의 낙조'라는 제목의 유화 한 폭을 그려 놓고 있었습니다.

먹구름이 엷어지며 하늘에 서서히 퍼지는 모습, 그 먹구름 사이를 뚫고 간간히 새어 나오는 샛노란 기운, 그 대자연의 예술적 완벽함과 위대함 아래서 조금씩 밤에 젖어드는 사람들의 세상, 그리고 그 세상에서 홀로 떨어져 나와 이렇게 위대한 작품을 순식간에 남길 수 있는 존재 앞에 벌거벗고 서 있는 나!

신에 대한 경외감은 이렇게 신 앞에 홀로 섰을 때 저절로 우리의 마음속을 가득 채웁니다. 하늘이 무섭지 않느냐고 옛 어른들이 말씀하신 까닭은 그만큼 지나간 시대의 사람들은 대자연 속에서 자주 절대자와 접촉했기 때문일 것입니다. 하지만 오늘날 우리는 더 이상 고개를 들어 하늘을 우러르지도 않고, 바람을 향해 몸을 잠시 세워 놓지도 않고, 하나둘 별을 세지도 않고, 비를 맞으며 걷지도 않으며, 들꽃 향기를 맡기 위해 고개를 낮추어 땅에 가까이 댈 줄도 모르고 살아갑니다.

대자연 속에서 살아가는 존재 가운데 우리 인간만큼 자연의 순리를 거슬러서 살아가는 존재가 또 있을까요? 우리는 자연의 아주 작은 한 부분일 뿐이며 하늘에 계신 아버지와 어머니이신 자연이 내어 주는 것만큼 누리고 살 수 있는 존재라는 것을 마음에 새기고 살아가는 사람이 얼마나 있을까요? 자연이 내어 주는 것은 한정되어 있기 때문에 내가 더 많이 차지하면 반드시 누군가는 적게 차지할 수밖에 없다는 것을 뻔히 알면서도 언젠가부터 우리는 하나로 만족하는 법을 잊어버렸습니다. 하나면 충분한데도 둘, 셋 …… 백을 채우기 위해 무섭게 달려가고 있습니다.

행복은 해 저무는 서쪽 하늘에 있고, 별이 쏟아지는 몽골의 초원에서 맞이하는 한밤중에 있고, 바람을 타고 날아가는 꽃잎에 있고, 빗소리가 경쾌하게 들리는 우산 아래에 있고, 이제 막 걸음마를 시작한 아기의 뒤뚱거림에 있고, 걸인의 오그라진 깡통을 향해 사뿐히 날아가는 500원짜리 쨍그랑 소리에 있고, 오랜 친구와 나누는 소박한 술 한 잔에 담겨 있는 것을 …… 우리는 잊고 살아가는 것만 같습니다.

이를 왜 몰랐을까요? 이를 왜 기억하지 않을까요? 행복이 무엇인지 잊어버린 것 같습니다. 우리는…….

## 사람답게 사는 게 꿈이라니요

어제저녁 6시 마지막 주일 미사를 마치고 성당 옆에서 차 축복 예식을 하고 있을 때였습니다. 축복 예식을 하는 중에 유난히 작은 키의 원주민 무리가 제 주위를 둘러싸더니 며칠 동안 아무것도 먹지 못했다며 도움을 요청했습니다. 멕시코와 국경을 맞대고 있는 과테말라에서 밀입국한 불법 이민자들이었습니다. 최근 대통령까지 부패 의혹에 연루되어 있는 과테말라는 경제가 급격하게 위축되고 있어서 국경 근처에 사는 원주민들이 무작정 국경을 넘어 구걸을 하면서 북쪽으로, 북쪽으로 올라가려고 합니다. 물론 최종 목표는 미국으로 밀입국하는 것입니다.

지금까지 중남미 불법 이주자들을 수도 없이 만나 봤고 그들을 지원해 왔지만 어제 만난 원주민들처럼 키가 작고 불쌍한 행색을 한 사람들은 처음이었습니다. 채 스물도 되지 않은 것 같은 젊은 사람들부터 옷도 입지 못하고 그들을 따라다니는 어린아이까지 하나같이 불안한 눈빛으로 떨면서 먹을 것과 입을 것을 요청했습니다.

마침 주일 저녁이라서 교리 교사들이 기금 마련을 위해 '파누초'[3]를 만들어 팔고 있어서 저녁은 쉽게 해결해 줄 수 있었습니다. 또 마침 깨끗하게 빨아서 정리해 놓은 옷가지들을 모아 놓은 것으로 그들에게 당분간 입을 것도 마련해 주었습니다. 그리고 나서 저는 천천히 그들을 달래서 살던 곳으로 다시 돌아가라고 신신당부했습니다. 제가 전문가는 아니지만 이제는 그래도 불법 이주민들을 대하는 데 이력이 생겨서 이들이 마주할 미래를 대충 짐작할 수 있기에 그랬습니다.

옛날에는 멕시코 갱단들이 돈을 많이 버는 마약 사업을 위주로 손을 댔습니다. 하지만 요즘 뒤늦게 출발한 신흥 조직들의 경우 마약 사업에 진입하기가 어렵기 때문에 돈이 되는 일이라면 어떤 악마보다도 더 악랄하게 덤벼듭니다. 인신매매와 장기매매도 이에 포함되는데 멕시코를 거쳐 미국으로 밀입국

---

3  강낭콩과 고기를 넣은 옥수수 부침개.

하려는 불법 이주자들이 주요 타깃이 되고 있습니다. 멕시코 북부 국경 지대에서 얼마나 많은 불법 이주자들이 이런 범죄의 희생양이 되어 생매장되고 있는지 당국에서조차 제대로 파악하지 못하는 실정입니다.

어제처럼 학교에 다닌 적이 없어서 스페인어도 잘 못하는 원주민 무리는 절대로 미국까지 건너갈 수가 없습니다. 스페인어를 잘하고 백인의 피가 많이 섞인 이주자들도 모두 팔려 나가고 장기를 적출당한 채 생매장되는 판인데 이런 사람들이 어떻게 미국으로 들어갈 수 있겠습니까? 먹을 것과 입을 것을 해결하고 난 이들은 제게 하룻밤만 재워 달라고 사정을 했습니다. 하지만 저는 잠을 재워 준 불법 이주자들이 불미스러운 일을 일으켜 안전을 위협받는 상황을 이미 수차례 겪어 보았습니다. 그래서 이제는 그런 조그만 호의를 베풀어 주는 일도 쉽지 않았습니다.

꼭 과테말라의 고향으로 다시 내려가라고 거듭 당부하며 며칠 동안 쓸 수 있는 여비를 챙겨 주고 떠나보낼 때 마음이 참으로 고통스러웠습니다. 그들이 제 부탁을 듣고서 생각을 바꾸어 과테말라로 다시 내려가지 않으리란 것을 알았기 때문입니다. 또한 요즘 세상이 이 젊은 원주민들을 그냥 놔두지 않으리란 것을 알기 때문에 더욱 마음이 아파왔습니다.

  돈보다 사람을 귀하게 대접하는 세상, 선이 악을 이기는 세상, 사랑하는 마음이 우리를 사람답게 살도록 만드는 세상, 이런 세상을 희망하는 일이 왜 항상 꿈이 되어야 하는지 모르겠습니다. 꿈이라는 말은 좀 더 거창하고 어려운 것을 일컫는 말이 아니었나요? 사람이 사람답게 사는 세상이 꿈이 될 줄은 예전에는 미처 몰랐습니다.

# 너라도 끝까지 걸어야 한다

이곳 캄페체에서는 장마철이 되면 아주 조심해야 할 질병이 두 가지 있습니다. 하나는 우리 한국 사람들에게도 잘 알려진 '뎅기열'이고, 다른 하나는 우리에게는 좀 생소한 '치쿤구니아열'입니다. 모두 열대 지방에 서식하는 모기에 의해서 전염되므로 특히 요즘 같은 장마철이면 유행처럼 퍼집니다.

우리 성 프란치스코 본당에도 요즘 '치쿤구니아열' 때문에 고생하는 어르신들이 많이 있습니다. 병자 방문 하는 날, 치쿤구니아열로 벌써 며칠째 성당에 나오지 못하고 있는 할머니들을 방문했습니다. 그중에는 먼저 세상을 떠난 따님을 위해 기도하는 마음으로 매일 고해소를 닦아 주던 엘다 할머니도 포함되어 있습니다. 엘다 할머니가 성당에 못 나오니까 며칠 고해소가 뿌연 먼지에 덮여 있더니 이제는 엘다 할머니를 대신하여 '노에미' 자매님이 매일 닦아 주더군요. 참 고맙고 대단한 분들입니다.

  병자 방문을 할 때 저는 제의를 입고 영대까지 걸치고 걸어서 다닙니다. 뜨겁게 내려쬐는 태양 아래서 잠깐만 걸어도 마치 멱을 감은 듯 온몸이 땀으로 범벅이 됩니다. 하지만 저는 벌써 6년째 제의를 입고 영대를 걸친 채 걸어서 병자 방문을 다니고 있습니다. 걸으면서 길에서 만나는 신자들에게 인사를 건네는 일도 좋지만 무엇보다도 기도하는 마음으로 한 걸음 한 걸음 걸으면서 병자들을 방문하면 조금이나마 그분들의 아프고 서러운 심정을 헤아리는 데 도움이 되기 때문입니다. 깊은 병을 앓고 있는 신자를 방문하고 나와서 다시 한 걸음 한 걸음 다음 환우를 향해서 걷다 보면 이렇게 성한 두 다리로 걷고 있다는 자체가 얼마나 큰 고마움인지를 깨닫게 됩니다.

  82세의 엘다 할머니는 저를 보자마자 그동안 성당에 나가지 못해서 죄송하다는 말씀부터 하더군요. 치쿤구니아 열병의 고통스러운 증상은 심하면 몇 주일에서 몇 개월까지도 간다고 하니 연세 든 분이 이겨 내기에는 무척 괴로운 열병입니다. 그래도 이제는 회복세로 돌아섰다고 하니 참으로 다행입니다.

저는 엘다 할머니와 남편 되는 알베르토 할아버지와 함께 기도하고 나서 두 분에게 성체를 영해 준 뒤 성수 축복을 해 드렸습니다. 댁을 나서면서 할머니를 꼭 안아 드렸더니 그동안 병을 앓으면서 고생한 것이 떠올라서인지 할머니는 마치 어린 아이처럼 울더군요.

걸어서 사제관에 돌아오는 길에 여전히 물에 잠겨 악취를 풍기는 골목을 바라보면서 가슴이 참 답답해졌습니다. 이렇게 집 바로 앞 골목이 물에 잠겨 있으니 거기서 얼마나 많은 모기들이 알을 낳으면서 서식을 하겠습니까? 이런 환경에서 살다 보니 가난한 사람들은 잘사는 사람보다 병으로 고생할 확률이 상대적으로 높을 수밖에 없습니다. 그런데도 정책은 항상 위에 있는 사람들, 힘 있는 사람들, 부자인 사람들을 위해서만 펼쳐지고 있으니 안타까운 현실입니다.

"이런 것이 세상 돌아가는 이치다. 이런 것이 정치다. 그러니 쓸데없이 골머리 썩이지 말고 그냥 순응하면서 네 삶이나 잘 꾸려 나가라."

만약에 부모가 자기 자식들에게 이렇게 말하며 가르친다면 저는 정말 실망할 것입니다. 저는 한 걸음 또 한 걸음 앞으로 걸음을 옮기면서 생각했습니다. '이럴 때일수록 가톨릭교회라도 살아 있어야지! 이럴 때일수록 가톨릭 신자들과 함께 세상을 바꾸며 살아야 한다! 이런 시대일수록 너! 너라도 끝까지 걸어야 한다! 그것이 시대가 네게 주는 소명이다!'

## 어묵을 놓고 추억을 먹다

아주 어렸을 때부터 어머니의 손을 잡고 시장에 따라가는 것을 참 좋아했습니다. 군산역 앞에 있는 시장에 가서 일층을 한 바퀴 빙 돌고 나면 이제 이층으로 올라갈 차례입니다. 어물전과 푸줏간, 온갖 물건을 파는 상점들이 있는 일층을 돌아보는 일도 흥미진진했지만 저의 관심은 이층에 더 쏠려 있었습니다. 이층에 올라가자마자 솔솔 풍겨 오는 고소한 기름 냄새는 어린 저의 마음을 콩닥거리게 했지요. 이층에는 어묵을 만드는 가게들이 함께 모여 있는 구역이 있었거든요.

어머니의 손을 잡고 오뎅(물론 지금은 어묵이란 말로 바뀌었지만 오늘만 옛날 썼던 이름 그대로 불러 보고 싶습니다.) 가게에 들어가면 켜켜이 쌓여 있는 네모난 오뎅과 긴 소시지 모양의 둥근 오뎅이 저를 반겨 주었습니다. 요즘에야 다양한 재료를 혼합해서 가지각색의 형태로 만들기에 어묵 종류를 다 셀 수 없지만 제가 어렸을 때는 그 두 종류가 전부였습니다. 어머니는 새까만 기름 속에서 튀겨져 금방 나온 신선한(?) 오뎅을 사시면 제일 위에 있는 한 장을 반으로 찢은 뒤 말아서 제 입 속에 넣어 주시곤 했습니다. 당시에는 생선의 살뿐만 아니라 가시까지 함께 갈아서 넣었는지 약간 까칠까칠하게 씹히는 느낌도 있었습니다.

학교에서 친구들과 도시락을 먹을 때 오뎅 볶음은 밀가루 맛이 일품인 진주햄 소시지, 계란 프라이와 함께 언제나 인기 절정인 삼대 반찬이었습니다. 오뎅을 양파, 고추, 그리고 얇게 채 썬 감자와 함께 간장에 졸여서 만드는 오뎅 볶음은, 지금 생각해 보면 매일 네 아이의 도시락을 준비해야 했던 어머니께는 최고의 전략 반찬이 아니었을까 합니다. 아주 커다란 프라이팬에 오뎅 볶음을 한 번 요리하신 날부터 짧게는 한 주, 길게는 몇 주까지 도시락 반찬은 일관되게 오뎅 볶음이었으니까요.

며칠 전 먹을 것이 마땅치 않아서 냉장고 이곳저곳을 뒤지다가 보물을 발견하고는 저도 모르게 소리를 질렀습니다.

"심 봤다! 아니, 오뎅 봤다!"

언제적 것인지 기억도 잘 안 나는 오뎅 몇 조각이 냉동실 저 깊은 구석에 숨어 있었습니다. 아마도 여기서는 최고로 귀한 음식에 속하는 오뎅을 아끼고 아껴서 라면 끓일 때나 몇 조각 넣어 먹고 보관하다가 다른 재료와 함께 냉동실 뒤편에 처박게 된 것이겠지요. 그래서 추억의 네모난 오뎅 한 장 반과 같이 냉동실에 있던 생선 조각을 함께 넣고 고춧가루를 뿌려서 오뎅탕을 끓였습니다.

국물 맛이 우러나오라고 오뎅탕을 아주 오래 끓였습니다. 서서히 퉁퉁 불어 가는 오뎅을 보며, 피어오르는 오뎅 냄새 속의 하얀 김을 보며 추억에 잠겼습니다. 가만히 눈을 감으니 어느새 어머니의 손을 잡고 걷던 군산의 구시장 골목 신발 가게 앞에 서 있었습니다. 어머니께서 '부엉이네'라고 부르셨던, 눈이 커다란 신발 가게 아주머니도 만나 볼 수 있었습니다. 그분은 여전히 밝고 화사한 미소로 어머니와 저를 반겨 주었습니다. 어머니에게 신발을 사 달라고 졸라 봤지만 이미 '마징가'가 그려진 신발은 제 발에 맞는 것을 찾을 수가 없었습니다.

어머니의 손을 잡고 시장 이층에 올라가서 오뎅을 사 달라고 졸랐습니다. 그러자고 환히 웃으시며 고개를 끄덕이는 어머니의 머리카락에 하얀 밀가루 먼지가 내려앉아 있습니다.

하얀 먼지를 털어 내려고 아무리 애를 써도 털어지지가 않습니다. 세월의 먼지인 게지요. 그러고 보니 어머니의 등도 약간 구부정하게 굽어 있습니다.

"어머니! 등을 이렇게 활짝 펴 보세요. 활짝!"

그러자 어머니는 등을 활짝 열어 봅니다. 그런 어머니와 함께 오뎅 가게에 들어섰습니다. 어머니가 오뎅을 몽땅 사시는 것을 보니 또 한동안 도시락 반찬은 오뎅 볶음일 것 같습니다. 어머니께서 맨 위의 네모진 오뎅 한 장을 반으로 찢은 뒤 둘둘 말아서 제 입에 넣어 주십니다. 그 맛이 그토록 그립습니다.

추억이란 마치 감춰진 오뎅 한 장 반처럼 평상시에는 꽁꽁 숨어 있다가 아무도 모르는 사이 깜짝 놀라게 나타나서는 우리를 지나간 시간, 그리운 장소로 데려다줍니다. 퉁퉁 불어 버린 오뎅을 앞에 놓고 오늘은 추억을 먹었습니다.

# 에베레스트

공휴일을 맞아 제 자신에게 선물을 하나 주고 싶었습니다. 그것은 캄페체 시내에 딱 한 군데 있는 극장에 가서 영화를 보는 것이었습니다. 2015년 베니스 영화제 개막작으로 초청된 영화 〈에베레스트 Everest〉가 개봉된 것입니다. 그동안 이 영화가 개봉되기만을 손꼽아 기다려 왔는데 이곳 멕시코의 독립기념일에 맞춰 드디어 어제 개봉했습니다.

1996년에 두 개의 상업 등반 팀이 에베레스트 산에 오르다가 악천후를 만나 사상 최악의 등반 사고를 겪게 됩니다. 이 영화는 바로 그 등반팀에 합류했던 산악 전문기자 존 크라카우어 Jon Krakauer가 쓴 《희박한 공기 속으로 Into Thin Air》라는 책을 바탕으로 합니다.

저는 영화를 보러 갈 때면 언제나 맨 마지막에 극장에 들어갑니다. 〈에베레스트〉와 같은 명화를 볼 때 주변에 신경을 빼앗기지 않도록 혼자 동떨어진 자리에 앉아 영화를 보기 위해서입니다. 그런데 어제는 불행하게도 맨 뒷줄에서 혼자 영화를 보는 도중에 바로 옆 좌석에 한 커플이 들어왔습니다. 그러고는 자기들끼리 독립 에로 영화를 찍더군요.

그런 방해 속에서도 저는 온전히 영화에 집중할 수 있었습니다. 명품 배우들의 명연기와 압도할 만한 영상미에 눈길을 쏙 빼앗겼거든요. 촬영의 대부분을 실제 에베레스트 산에서, 그것도 70mm 아이맥스 필름으로 찍어서 만들어 낸 덕분에 저는 하나라도 놓칠새라 영화에 푹 빠져서 보았습니다.

영화를 보면서 이런 생각이 들었습니다. 인간은 그런 존재가 아닐까 하는 생각 말입니다. 자신이 세워 놓은 이상을 실현하기 위해 극도의 고통을 견뎌 가며 한 걸음 한 걸음 꾸준히 걸어가는 그런 존재 말이죠. 에드먼드 힐러리Edmund Hillary와 세르파 텐징 노르가이Tenzing Norgay가 세계 최초로 에베레스트 산에 오른 것은 1953년 5월 29일인데, 그보다 29년 전인 1924년 에베레스트 산에 오르다가 정상 근처에서 사라진 영국 산악인이 있었습니다. 그의 이름은 조지 맬러리George Leigh Mallory

였습니다. 그는 "왜 산에 오르는가?"라는 질문에 "거기에 산이 있으니까Because it's there."라는 명언으로 화답했다고 합니다. 높은 이상을 세우고 그것을 실현하기 위해 뼈를 깎고 살을 저미는 고통도 마다하지 않는 인간에게 왜 그렇게 이루기 어려운 목표를 세웠느냐고 묻는 것은 아무런 의미가 없습니다. 인간은 높은 이상을 세우고 그것을 실현하기 위해 집중할 때 참으로 인간적이고 아름다운 존재가 되기 때문입니다.

그러나 자신이 세워 놓은 목표를 향해 올라가면서 잊지 말아야 할 것이 한 가지 있습니다. 올라간 뒤에는 틀림없이 내려와야 한다는 사실입니다. 오르는 것이 끝이 아니라 내려와야 끝이 납니다. 산악인들이 에베레스트 산 정상을 불과 몇십 미터 남겨 놓고도 내려갈 시간과 힘을 생각해서 눈물을 머금고 하산해야만 하는 이유입니다. 인생도 마찬가지입니다. 올라가는 성취도 좋지만, 오르면서 느끼고 배운 공부를 바탕으로 인간적이고 인격적으로 보다 성숙해지고 보다 겸손하고 낮은 자세로 살아갈 때 비로소 목표를 실현하는 것입니다. 오르는 것만 생각하는 사람은 높은 곳에서 외롭게 죽어 가야 합니다.

이 영화에는 참 감명 깊게 와 닿는 대사가 많았습니다.

"산을 오르면서 사람들끼리 경쟁하는 것은 아무런 의미가 없다. 오로지 산과 경쟁을 해야 한다. 하지만 언제나 산이 모든 것을 결정한다."

 제가 쓴 책 《실패하니까 사람이다》에 담긴 글 '모든 것은 산이 결정한다'에 이 대사와 같은 맥락의 내용을 이미 쓴 바 있습니다. 인생을 살아가면서 주변 사람들과 경쟁하는 것, 그리고 그들을 꺾고 더 높은 곳으로 올라가는 것은 아무런 의미가 없습니다. 인생은 주변 사람들과 조화를 이루며, 서로 도와가면서 살아가는 데 의미가 있습니다.

# 역사란 무엇인가?

　오늘은 멕시코 독립 기념일입니다. 1810년 9월 15일, 스페인의 식민 통치로부터 독립을 선언하는 군중의 맨 앞에는 멕시코 독립의 아버지라고 불리는 '미겔 이달고Miguel Hidalgo' 신부님이 있었습니다. 그는 원주민과 메스티조(Mestizo, 유럽계 백인과 원주민의 혼혈) 등 억압받는 민중을 대변했습니다. 그러다가 당시 지배 계층이던 크리오요(Criollo, 멕시코 태생의 백인 세력)의 반대에 부딪혀 스페인군에 포로로 잡힌 뒤 형장의 이슬로 사라졌습니다. 하지만 그의 정신은 제자였던 호세 마리아 모렐로스 José María Morelos 신부님에게 이어져 멕시코 시민들은 결국 독립을 쟁취하게 됩니다. 그 과정에서 모렐로스 신부님 역시 스페인군에 의해 처형되었지요.

멕시코 독립 운동의 전개 과정을 공부하면서 한 가지 재미있는 사실을 발견할 수 있었습니다. 이달고 신부님이 그를 따르는 민중과 함께 스페인으로부터 독립을 선언한 지 9일 만에 가톨릭교회로부터 파문을 받았다는 것입니다. 모렐로스 신부님도 역시 파문되었습니다. 당시 교황청은 스페인과 포르투갈 국왕의 '파워 게임'에서 어정쩡한 줄타기를 하고 있었습니다. 그래서 중남미의 스페인령 식민지 가운데 인구와 자원이 가장 많이 모여 있던 멕시코에서 일어난 독립 운동에 대해 재빠르게 파문 조치를 취함으로써 스페인 국왕의 심기를 건드리지 않으려는 제스처를 취했지요.

지난 2007년, 멕시코 독립 200주년을 앞두고 멕시코 의회는 이달고 신부님에게 내려진 파문에 대해서 교황청에 확인을 요청했습니다. 그러자 교황청은 '그가 처형되기 전에 고해성사를 했으므로 교회와 화해한 상태로 사망한 것이다.'라고 답변했습니다. 하지만 모렐로스 신부님은 처형되기 전에 고해성사를 했다는 기록이 남아 있지 않기 때문에 '앞으로 계속 조사하겠다.'라고 말했지요. 이달고 신부님과 모렐로스 신부님의 초상은 1000페소와 50페소 지폐에 새겨져 오늘도 멕시코 시민들의 마음속에 깊이 각인되어 그 가르침을 전하고 있습니다.

예수님께서 전하고자 하셨던 기쁜 소식의 첫 번째 수혜자는 언제나 가난한 사람들, 아픈 사람들, 억압받는 사람들이었습니다(루카 4,18-19 참조). 200년 전, 왜 가톨릭교회는 멕시코 민중이 유럽의 제국주의적 식민지 정책에 억압받아 외치는 독립과 해방의 함성을 파문했을까요? "그래도 지구는 돈다."라는 유명한 말을 남긴 채 가톨릭교회에서 파문당한 갈릴레이에 대해서 1992년 요한 바오로 2세 교황이 남긴 말씀을 우리는 잘 기억해야 할 것입니다. "고통스러운 오해와 다시 되풀이돼서는 안 될 가톨릭교회와 과학 간의 비극적인 상호 이해 부족에서 비롯된 파문이었습니다."

갈릴레오 갈릴레이에 대한 파문이 가톨릭교회와 과학 간의 비극적인 상호 이해 부족에서 비롯된 것이었다면 이달고 신부님과 모렐로스 신부님에 대한 파문은 '가톨릭교회와 권력 간의 비극적인 상호 이해 부족'에서 비롯된 것이라고 할 수 있겠습니다. 가톨릭교회가 가난한 이, 억압받는 이, 소외받는 이의 눈과 귀와 입이 되지 못하고 정치 권력과 경제 권력에 지나치게 가까운 이해 관계를 구축해 나간다면 이러한 비극적인 일은 오늘도 내일도 되풀이될 것입니다. 역사에 관심을 가지고 공부하면 할수록 지나간 역사에서 배워야 할 교훈을 간과해서는 안 된다는 신념을 가지게 됩니다.

    오늘날 한국의 가톨릭교회는 가난한 이들이 쉽게 넘나들기 힘들 만큼 문턱을 높이 쌓은 부유한 교회로 변하고 있다는 지적을 안팎에서 받고 있습니다. 한국 가톨릭교회와 교회의 지도자들이 에드워드 카E. H. Carr가 그의 명저《역사란 무엇인가?What is History?》를 통해 들려주는 교훈을 잘 새겨들을 수 있으면 좋겠습니다.

    "역사란 현재와 과거 사이의 끊임없는 대화입니다. 역사에서 교훈을 얻는다는 것은 결코 단순한 일방적인 과정이 아닙니다. 과거의 빛에 비추어서 현재를 배운다는 것은 동시에 현재의 빛에 비추어서 과거를 배운다는 것을 의미합니다. 역사의 기능은 과거와 현재 간의 상호관계를 통해서 양자에 대한 보다 깊은 이해를 북돋아 주는 데 있습니다."

## 옴니부스 옴니아

 5월 8일을 어버이날로 지내는 한국과 달리, 이곳 멕시코에서는 해마다 5월 10일은 어머니의 날로, 6월 셋째 주 일요일은 아버지의 날로 지냅니다. 교구에서 운영하는 가톨릭 초등학교에서 고해성사를 주고 돌아와 늦은 점심을 먹고 있을 때 누군가가 문을 두드렸습니다. 복사를 열심히 잘 서고 있는 '마리 호세'와 그의 가족이었습니다. 마리 호세가 수줍은 표정으로 아버지의 날 선물이라면서 'I ♥ 한국'이라고 새겨진 머그컵을 내밀었습니다.
 마리 호세의 가정은 그야말로 극빈한 상태입니다. 건강이 썩 좋지 않은 홀어머니와 두 자매가 살아가고 있는데 수입이라고는 폐품 수거를 하는 외할머니에게서 나오는 것이 전부입니다. 불우한 환경에 주눅이 들은 탓인지 마리 호세는 커 갈수록 말이 없어지고 자신감을 잃어 가는 것 같아 안타까웠습니다. 그래서 간혹 집을 방문하여 생필품을 나누고 아이들 학용품을 챙겨 주었지요. 그것이 전부인데 아마도 아버지의 날을 맞아 어린 두 자매가 본당 신부 '파드레'에게 무엇인가 선물을 하고 싶었나 봅니다. 어떻게 했는지 한글까지 찾아서 컵에 새겨 넣은 정성이 고맙습니다.

어머니의 날을 맞이하면 어머니가 없는 아이들이 마음에 걸리고, 아버지의 날을 맞이하면 아버지가 없는 아이들이 그렇습니다. 이럴 때마다 바오로 사도가 코린토인들에게 던진 멋진 설교가 떠오릅니다. "나는 어떻게 해서든지 몇 사람이라도 구원하려고, 모든 이에게 모든 것이 되었습니다."(1코린 9,22) 세상에 대한 욕심으로 가득 차 한때 최고로 '잘나가던' 바오로 사도였지만 예수님을 만나 구원의 삶을 체험한 이후 그는 타인을 구원하는 일에 목숨을 걸었습니다. 바오로 사도는 자유인이었지만 모든 사람의 종이 되어 복음을 선포하였고, 유다인에게는 유다인이 되어, 약한 사람에게는 약한 사람이 되어 살았습니다.

"옴니부스 옴니아Omnibus Omnia!"라는 라틴말은 영어로 "Be

All To All"로 번역할 수 있습니다. "모든 이에게 모든 것"이 된 바오로 사도의 설교에서 나온 멋진 표현입니다. 이 말은 그리스도인들 모두가 마음속 깊이 새겨 넣고 살아야 할 말입니다만, 특별히 하느님을 섬기기 위해 세상에서 가장 낮은 자로 살겠다고 서원한 사제들에게는 실제로 그렇게 살아야만 하는 최대의 과제입니다. 모든 이에게 모든 것이 된다는 것은 어떻게 생각하면 대단히 욕심에 찬 말처럼 들릴 수 있습니다. 어떻게 모든 이에게 모든 것이 되어 주는 삶을 살 수 있단 말입니까?

하지만 세상과 사람을 향한 욕심을 모두 버리고 나면 이는 불가능한 일도 아닐 것입니다. 모든 이에게 내가 원하는 대로 되고 싶다는 것은 대단한 욕심입니다. 하지만 모든 이에게 그들이 원하는 대로 되어 주는 것은 모든 욕심을 내려놓은 다음에야 도달할 수 있는, 완성된 삶의 경지입니다.

아버지의 날을 맞아 본당 신부에게 선물로 주려고 머그컵에 새겨 넣을 한글을 열심히 찾았을 아이들의 마음이 감동입니다. 기쁜 마음으로 준비한 아이들의 선물에서 초라한 가난의 흔적은 찾을 수가 없습니다. 나누는 기쁨만이 컵 안에 가득 담겨 있습니다. '모든 이에게 모든 것'이 될 수 있는 삶은 이렇게 작은 나눔 안에 담긴 기쁨을 만나는 체험에서 비롯된다고 생각합니다. 그것은 욕심을 내어 큰 것을 생각하면 이룰 수 없고, 욕심을 버리고 작지만 내가 가진 모든 것을 나누고자 할 때만 비로소 이룰 수 있는 것 같습니다.

"옴니부스 옴니아!"

# 이태석 신부님을 그리며

　해마다 학기 말에 접어들 즈음 하루 정도 교회법 강의 대신 제가 신학생들을 위해서 준비하는 연례 행사가 있습니다. 이 행사란 바로 고故 이태석 신부님의 삶과 선교를 다룬 다큐멘터리 영화 〈울지 마 톤즈〉를 감상하는 일입니다. 저는 이 다큐멘터리 영화를 휴가 중에 당시 폐렴으로 입원 중이셨던 어머니와 함께 처음으로 봤습니다. 그때 병실에서 어머니도, 그리고 저도 얼마나 울었는지 모릅니다. 아마도 어머니께서는 아픈 당신을 두고 저 먼 멕시코로 떠나야 하는 아들의 운명과 이태석 신부님의 삶과 죽음이 오버랩되어 더 슬프게 우셨는지도 모르겠습니다.

　멕시코에 도착한 이후로 시간이 날 때마다 〈울지 마 톤즈〉

를 스페인어로 번역하기 시작했습니다. 스페인어 자막 처리까지 마친 이후 지금까지 캄페체 교구 전체 사제와 성 프란치스코 본당 전체 신자가 이 영화를 보았고, 매년 학년 말이 되면 교구 신학생들과 함께 이 다큐멘터리 영화를 수차례 반복해서 보고 있습니다. 중남미에서 선교 활동을 하는 몇몇 한국 선교사들에게도 이 스페인어 자막이 들어간 영화를 보내 드렸습니다. 제가 이태석 신부님의 감동적인 삶과 선교를 그린 이 영화를 이렇게 여러 차례 반복해서 보는 이유는 딱 한 가지입니다. 그분의 거룩한 삶과 숭고한 희생이 주는 가르침을 잊지 않기 위해서입니다.

한때 대한민국 전역이 이태석 신부님의 봉사하는 삶과 숭고한 희생에 대해 떠들썩했던 적이 있었습니다. 오죽하면 조계종의 스님들까지도 이 영화를 보면서 "불자들이 가톨릭으로 개종할까 봐 염려된다." 하는 농담까지 남겼겠습니까. 하지만 그때만 잠시 떠들썩했을 뿐, 곧 들려오는 이야기들은 이태석 신부님의 이름으로 기부된 엄청난 금액의 소유권을 두고 벌어진 다툼에 관한 것이었습니다. 과연 사람들은 이태석 신부님의 봉사와 희생의 삶과 죽음 앞에서 어떤 가르침을 얻었던 것일까요?

신학생들과 함께 매년 똑같은 다큐멘터리를 보면서도 저는 매번 참지 못하고 눈물을 쏟아 냅니다. 생의 마지막 순간을 암과 투병하며 고통스럽게 보내면서도 "어머니가 오신다."라는 말만 들으면 이태석 신부님은 얼른 투병의 공간을 치우고, 자신의 몸을 깨끗이 씻은 뒤 반듯한 자세로 어머니를 기다리셨다고 누님은 고백합니다. 이 고백을 들을 때마다, 그때 당시 이 신부님이 느끼셨을 감정이 그대로 전해져 도저히 참을 수가 없습니다. 어머니를 두고 먼 길을 떠나야만 했던 이태석 신부님과 그런 아들을 만나고자 먼 길을 달려오시는 어머니! 그 슬픈 운명 속에 있는 모자를 향한 연민에 제 마음이 너무나 아프게 찢어집니다.

"내가 진실로 너희에게 말한다. 너희가 내 형제들인 이 가장 작은 이들 가운데 한 사람에게 해 준 것이 바로 나에게 해 준 것이다."(마태 25,40)

고 이태석 신부님의 삶과 희생에는 가장 가난한 이들, 가장 힘없는 이들, 가장 버림받은 이들에 대한 구체적인 나눔과 형제적인 사랑의 실천을 최우선으로 세우신 예수 그리스도의 사목과 영성이 그대로 드러나 있습니다. 그러한 삶과 희생을 통해 우리는 과연 무엇을 배웠을까요?

오늘을 살아가고 있는 저는 이태석 신부님이 돌아가신 나이와 비슷한 나이가 되었습니다. 만 49세! 이 나이에 이르고 보니 아직도 쇳덩이를 녹일 만한 열정으로 충만한 나이네요. 이태석 신부님의 삶을 남수단에서는 초등학교, 중학교 교과서에 싣고자 준비하고 있다는 기사를 조금 전에 읽었습니다. 이 기사를 읽으니, 그분이 삶과 죽음으로 우리에게 나눠 주신 큰 가르침을 일상에서 더 많이 실천하며 살아가야겠다는 생각이 듭니다. 우리 시대는 결코 잊혀서는 안 될 소중한 것들조차 아무런 힘도 없이 빠른 속도로 망각하고 말지만, 그러한 시대의 경박함을 뛰어넘으려 더욱 가열차게 노력해야겠다고 오늘도 마음먹습니다.

# 기적의 주인공이 되는 방법

우리는 복음에서 흔히 '오병이어五餅二魚의 기적'이라 불리는 사건을 자주 접할 수 있습니다. 예수님의 기적 사화 중에서 유일하게 사복음서 모두에서 전하는 사화입니다. 빵 다섯 개와 물고기 두 마리로 장정만도 오천 명이 넘는 군중을 배불리 먹이셨다는 기적을 두고 가끔씩 어떤 사람들은 이것이 실제로 일어난 일인지, 아니면 과거에 일어났던 비슷한 상황을 신화적으로 과대 포장한 것인지를 묻곤 합니다.

우리는 복음서가 전하는 내용을 신앙의 눈과 영성의 빛으로 이해할 필요가 있습니다. 역사적인 사실인지, 신화적인 기술인지를 따지는 일은 역사학자나 성서학자들과 같은 전문가들의 영역입니다. '오병이어'의 기적을 신앙의 눈과 영성의 빛으로 더욱 깊게 이해하기 위해서는 아무도 주목하지 않는 '보리 빵 다섯 개와 물고기 두 마리를 가진 아이'에게 집중해야 합니다. 오병이어의 기적에서 주인공은 예수님이 던지신 질문의 의도를 간파하지 못하는 필립보도 아니요, 안드레아도 아닙니다. 바로 이름조차 밝혀지지 않은 이 '감춰진 아이'가 주인공입니다.

예수님의 기적은 항상 '어느 누구'와 함께 시작되고 '어느 누구'와 함께 완결됩니다. '오병이어'의 기적은 장정만도 오천 명이 넘는 군중을 배불리 먹이고 싶은 예수님의 뜻을 간파한 이 작은 아이와 함께 시작됩니다. 아무것도 알려지지 않은, 그야말로 하늘에서 뚝 떨어진 것 같은 낯선 아이는 '빵 다섯 개와 물고기 두 마리'를 내어놓고 사라집니다. 예수님의 제자인 안드레아가 보인 반응은 당연한 것이었습니다. "이렇게 수많은 군중 앞에서 이까짓 빵 다섯 개와 물고기 두 마리가 무슨 소용이랍니까?" 하지만 주님은 바로 그 작은 아이의 겸손하고 가난한 나눔으로 기적을 시작하고 완성하십니다.

기적은 '우리가 가지고 있는 일반적인 상식을 벗어나는 기이하고 놀라운 일'을 일컫는 말입니다. 이는 자주 일어나는 사건이 아닙니다. 하지만 우리는 매일 기적이 일어나기를 기다리면서 살아가고 있습니다. 로또에 당첨되는 꿈을 꾸면서 매주 로또를 수십 장씩 사는 사람들이 많은 것처럼요. 하지만 로또에 당첨되는 일은 '기적과도 같은 일'이지 '기적'은 아닙니다. 기적이라면 적어도 하늘에서 갑자기 수억 원의 돈이 내 앞에 툭 하고 떨어지는 일 정도는 되어야 하지요. 우리 대부분은 기적이 일어나기만을 바라며 하늘만 쳐다보고 있는 사람들입니다. 그리스도인이라 불리는 사람들에게서 어떤 다른 점을 발견할 수 있습니까?

기적을 바라는 것은 나쁜 일이 아닙니다. 오히려 지금 우리는 기적이 필요한 시대와 사회를 살아가고 있다는 느낌입니다. 하지만 기적을 바라면서 하늘만 바라보고 있거나 기도만 열심히 바친다고 해서 기적이 일어나지는 않습니다. 기적을 원한다면 복음서에 등장하는 '작은 아이'와 같은 사람이 되어야 합니다. 아무도 알아주지 않지만 주님의 뜻을 간파한 이 작은 아이는 그 뜻에 동참하여 이루고자 자기가 가진 전부였을 빵 다섯 개와 물고기 두 마리를 봉헌하고는 슬그머니 사라집니다. 우리 모두가 바로 이 작은 아이처럼 순수하고 착한 마음을 가지고 자신이 가진 빵 다섯 개와 물고기 두 마리를 배고픈 사람들에게 나누는 세상을 상상해 보세요.

우리는 모두 자신이 기적의 수혜자가 되기만을 바라고 있습니다. 그런 사람들은 자신 안에 감춰진 능력을 보지 못합니다. 바로 자신이 기적을 일으키는 주인공이 될 수 있다는 사실을 잊고 살아갑니다. 언젠가 실제로 빵 다섯 개와 물고기 두 마리를 바구니에 담아 보았습니다. 아주 작은 봉헌입니다. 우리 대부분이 큰 어려움 없이 나눌 수 있는 정도입니다. 그런데 이렇게 작은 마음을 나누는 일이 어쩌다가 기적과도 같은 어려운 일이 되어 버렸는지 알 수가 없습니다.

기적을 원하시나요? 당신이 원하는 시간, 당신이 원하는 장소에서 복음서에 등장하는 작은 아이가 되어 아주 작은 나눔을 실천해 보십시오. 바로 그 순간 당신은 기적을 일으키는 주인공이 될 것입니다.

## 이판과 사판

불교에서 스님들을 구분하여 부르는 여러 이름 가운데 이판승理判僧과 사판승事判僧이라는 것이 있습니다. 이판승이란 주로 세속을 떠나 염불과 참선에 정진하며 깨달음을 얻기 위해 공부를 하는 스님을 말하고, 사판승은 주로 소속 종단의 행정과 포교를 맡아서 행하는 스님을 말합니다. 그래서 가끔씩 스님들이 총무원장 등 종단의 요직을 두고 저잣거리에서도 보기 힘든 볼썽사나운 싸움을 벌이면, "사판승은 넘쳐나고 이판승은 보기 힘들다."라고 말하지요. 이러한 말이 나오는 게 요즘 불교계의 현실이라고도 볼 수 있을 것입니다.

이판理判과 사판事判은 조선 시대에 생긴 말입니다. 위화도 회군으로 고려를 무너뜨리고 조선을 건국한 이성계는 억불숭

유불숭유(抑佛崇儒) 정책을 표방합니다. 고려 말 불교의 폐단이 극에 달했던 이유도 있었겠지만, 군주에 대한 충성을 가르치는 유교의 가르침을 전파하는 일이 정권을 유지하는 데 도움이 되었기 때문일 것입니다. 졸지에 천민 계급으로 전락한 승려 가운데 일부는 아예 깊은 산속으로 들어가 수행에 정진하여 불법의 맥을 이어 가는 데 힘썼고, 또 다른 일부는 폐사(廢寺)를 막기 위해 험한 노동을 마다하지 않고 사찰을 유지시키는 데 힘썼습니다. 이 두 부류를 일컫는 말이 이판과 사판이었습니다.

흔히 갈 때까지 간 막장의 상황을 일컬어 '이판사판'이라고 하는데 이판승이 되든, 사판승이 되든 어차피 천민 신세라는 씁쓸한 역사적 배경을 담고 있는 표현입니다. 하지만 불교의 맥을 이어 오는 데 이 두 부류의 스님들은 모두 훌륭한 공헌을 했습니다. 이판만 있었다면 오늘날의 아름다운 사찰들은 구경조차 하기 힘들었을 것입니다. 사판만 있었다면 경허, 만공, 혜월, 성철 등과 같이 근대 한국 불교의 선승들로 이어지는 한국 선불교의 맥이 끊어졌을 것입니다. 이판승은 깨달음에 갇히지 않고 세상으로 나가서 중생 구제에 힘을 써야 하고, 사판승도 일에 갇히지 말고 수행과 공부에 정진해야만 한국 불교가 더욱 건강해질 것입니다.

뜬금없이 이판사판 이야기를 왜 하는가 싶을 수 있겠지만 우리 가톨릭교회에도 이와 비슷한 구분이 있기 때문입니다. 불교의 이판승에 해당하는 수도자가 있고, 또 사판승에 해당하는 교구 사제가 있습니다. 수도자는 주로 세상과 단절된 수도원 안에서 기도와 노동을 통해 최고로 단순한 삶을 지향하며 살아갑니다. 이에 반해 교구 사제는 세상에 그리스도의 가르침을 전파하고, '또 다른 그리스도Alter Christus'로서 삶의 모범을 보여 주며 살아갑니다.

세상을 떠나서 복음삼덕, 즉 청빈과 정결과 순명을 살아가는 수도자, 그리고 세상에서 향주삼덕, 즉 믿음과 소망과 사랑의 삶을 살아가는 교구 사제의 중간 지점에 선교 사제가 있습니다. 선교 사제는 자기가 살던 세상을 떠나서 다른 이들의 세상 안으로 들어가는 사람들입니다. 그들은 부모와 형제와 정든 친구들을 멀리하고 왜 낯선 세상을 향해서 떠나갈까요? 그것은 오로지 사랑 때문입니다. 스승이신 예수님이 성부의 곁을 떠나 세상 안으로 들어와서 목숨까지 바쳐 가며 가르치고자 하셨던 사랑, 그 사랑 때문에 선교 사제들은 예수님을 따라 세상 끝까지 떠나갑니다.

떠나는 것이 선교 사제에게는 기도입니다. 낯선 땅에서 낯선 이들과 살아가는 것이 선교 사제에게는 수행입니다. 이 때문에 선교 사제들을 가리켜 '행동하는 관상가'라 부르는 것입니다. 그들은 세상 속에서 기쁜 소식을 전하는 일을 하면서도 철저하게 세상과 동떨어진 삶을 살아갑니다. 감히 선교 사제의 삶과 활동이 이판과 사판이 조화를 잘 이루는 삶이라는 생각이 들어서 이 글을 쓰게 되었습니다. 얼마 전에 귀국 휴가를 마치고 파푸아 뉴기니로 돌아간 서용범 베드로 신부가 보내 준 메시지의 내용이 하도 슬퍼서 답장도 못 하고 있다가 오늘 이 글로써 후배 신부에게 답장을 대신해서 보내 줍니다.

그리고 선교 사제의 삶에 대해 조금이라도 이해할 수 있을 듯하여 서 신부가 보낸 메시지를 마지막으로 여러분에게 나눕니다.

"형! 어제와 오늘 읽은 형의 글이 가슴에 팍팍 꽂히네. 나는 지난 토요일에 출국해서 주일에 파푸아 뉴기니로 돌아왔어. 본당에는 화요일에야 들어왔고. 석 달 휴가에다가 한 달가량의 병가를 마치고 떠날 때가 가까워지니 많이 분주해지더라. 아직 몸이 정상으로 회복된 것은 아니지만, 도리어 약간 불편하고 부족한 게 건강에 더욱 신경 쓰라는 경각심으로 작용할 수 있다고 생각해.

이번에 떠날 때 보니까, 신학교에 입학하면서 집을 나섰을 때처럼, 3년간의 본부 생활을 마치고 영어 공부하러 미국에 갈 때처럼, 또 그렇게도 가고 싶었던 파푸아 뉴기니로 처음 떠날 때처럼, 3년 전 첫 휴가를 마치고 다시 선교지로 나갈 때처럼, 너무나 분에 넘치도록 사랑을 받으며 잘 쉬고 잘 충전하고 주님께서 부족한 내게 맡겨 주신 양들에게 돌아가는데 기대감도 들지만 두려움도 가득하더라. 이번에는 또 얼마나 풍요롭고 충만한 복음 선포의 기쁨을 마련해 놓으셨을까 하고 기대를 하면서도 또 인간적인 떨림이 있더라고. 그러니 그저 주님께 온전히 내어 맡기며 하루하루 충실하게 살아가야겠지.

형, 근데 예전에는 그러지 않았는데 이번에는 출국 전날 많이 울었어. 어머니 안고서 말이야. 혹시 이게 이 지상에서 마지막으로 뵙는 게 아닐까 하는 생각이 들어서.

말이 좀 길어졌네. 열심히 살게. 기쁘게 살게. 주님 안에서 영육 간에 건강하고 행복하기를. 그리고 기도 안에서 만납시다요! 사랑합니다!"

## 인걸은 간데없네

오백년 도읍지를 필마로 돌아드니
산천은 의구하되 인걸은 간데없네
어즈버 태평년월이 꿈이런가 하노라!

요즘 제 입가에 뱅뱅 도는 시조 가락입니다. 포은圃隱 정몽주, 목은牧隱 이색과 더불어 고려 삼은의 한 사람인 야은冶隱 길재吉再 선생님의 시조이지요. 길재 선생의 허무한 마음과 인생의 무상함이 시에 잘 표현되어 있는 듯합니다.

이 시조가 입에 뱅뱅 도는 까닭은 성 프란치스코 본당 첫 미사 500주년이 2년 앞으로 다가와 있어서 서서히 그 준비를 해 가고 있기 때문입니다. 그 준비의 일환으로 본당의 역사를 포함하여 수집 가능한 많은 자료들을 담은 책을 만들고 있기 때문에 더욱 그러하지요. 바닷물이 성당 바로 옆에까지 들이쳤을 때 찍은 옛날의 사진들을 마주하고 있노라면 제 마음이 시공을 거슬러 길재 선생님의 마음을 찾아가 문안을 합니다.

지난 500년 동안 수많은 스페인 출신 프란치스코 회원들이 본당의 기원인 선교 센터를 거쳐 북미로, 중미로, 남미로 머나먼 선교 여행을 떠났을 것입니다. 고향인 유럽을 떠나 죽음을 무릅쓴 대서양 횡단 항해를 마친 뒤 겨우 도착한 '신대륙'이 바로 여기였을 것입니다. 그러나 그들은 미처 여독을 풀 새도 없이 또다시 선교 여행을 떠나는 놀라운 신앙과 열정을 보여 주었습니다. 그 최초의 프란치스코 회원들이 유럽에서 주조해서 가져온 것으로 추정되는 본당의 종은 아메리카 대륙에서 무척 오랜 역사를 가진 종 가운데 하나로 꼽힙니다. 본당에 걸린 종의 역사만 해도 450년이 훌쩍 넘어가니까요.

본당을 거쳐 간 선교사들의 흔적은 여전히 그 자리에 남아 있는데 말 그대로 사람은 간 데 없이 사라지고 없습니다. 그 자리에 저기 반대편 땅 끝에서 태평양을 건너온 한국인 신부 하나가 '파드레 에스테반 강 초이'라는 낯선 이름으로 살아가고 있습니다. 본당이 프란치스코 수도회에서 분리되어 교회법

적으로 설립된 게 1814년입니다. 그 이후로 공식적으로 부임한 본당 신부만 따져도 제가 27대 본당 신부라는 것을 알게 되었습니다. 200년 동안 모두 26명의 본당 신부들이 이곳을 거쳐 갔더군요.

앞으로 몇십 년만 지나면 저 역시 본당 역사에 한 줄의 기록으로만 남게 되겠지요. 사람이 가고 없는데 기록만 남아 있다 한들 그것이 이미 떠난 사람에게 무슨 의미이겠습니까? 가만히 생각해 보니 수천, 수만 년을 한결같이 같은 자리를 지켜 온 산천이 겨우 몇십 년 살아가는 사람들에 의해 선이 그어져 있는 것이 우습게만 생각됩니다. 온갖 정치적, 경제적 차원의 금을 그어 놓고 서로 주인이라고 우기면서 살아가는 모습에 실소가 납니다. 그런 산천을 자르고 막고 콘크리트로 채우는 폭력적인 발상은 입에 담을 가치조차 없고요.

500년이라는 역사 앞에서조차 이토록 작아져만 가는 인간 존재입니다. 하물며 절대와 영원의 존재인 하느님 앞에서야 말해 무엇한답니까? 역사 앞에서, 시간 앞에서, 무엇보다도 절대자이시고 영원하신 주님 앞에서 겸손해야 함을 깨닫게 됩니다. 이러한 깨달음 앞에서는 유치한 형태의 싸움을 모두 그만두고 조용하고 평화로운 삶으로 돌아갈 수 있을 듯합니다. 하느님께서 주신 대자연 앞에서 오늘도 고개를 숙이며 제 자신을 받아 주십사 기도합니다.

"하느님 사랑의 현현顯現인 대자연이여, 저를 받아 주소서. 아멘."

## 자기 인식과 고독에 대하여

요즘 들어 제가 키우는 강아지 카피탄이 거울 앞에 앉아 있는 시간이 부쩍 길어졌습니다. 더 어렸을 때는 거울에 비친 자기 모습을 보고는 앞발로 할퀴고 짖어 대며 요란을 떨었는데, 이제는 거울 속에 비친 자신의 모습을 볼 때면 한참 동안 넋을 잃고 빤히 바라봅니다. 필로토도 어린 강아지였을 때는 거울에 비친 자기 모습을 보고 처음에는 목청이 터져라 짖고 혼자서 뒤로 물러났다가 앞으로 공격 자세를 취해 보기도 하면서 난리가 아니었는데 지금은 조용합니다.

강아지들이 거울에 비친 자신의 모습을 보고 조용해지는 모습을 자기 존재를 인식하는 것으로 이해하기는 어렵습니다. 그저 거울 속에 있는 존재가 자신에게 해를 끼치지 않는다고 인식하여 친숙하게 느끼는 것일 뿐입니다. 어떤 동물학자들은 침팬지와 오랑우탄과 같은 영장류, 그리고 돌고래와 범고래 정도의 동물만이 거울에 비친 자신의 존재를 인식하는 반응을 보인다고 말합니다. 멍하니 거울에 비친 자신의 모습을 바라보고 있는 카피탄의 모습을 사진에 담으려고 살금살금 다가가다 보면 카피탄이 굉장히 쑥스러운 표정을 짓는 것이 예쁘기만 합니다.

오늘은 지구 사제 모임이 있는 날이었습니다. 대림 시기를 앞두고 지구 사제들이 한자리에 모여 일일 피정을 했지요. 우리는 강의실에 함께 모여서 '사제로 살아가면서 느끼게 되는 새로운 도전들과 어려움'이라는 주제를 놓고 편하게 이야기를 나누었습니다. 대부분의 사제들이 공통적으로 나눈 새로운 도전은 '전통적 그리스도교 가치관의 붕괴'에 관한 것이었습니다. 2015년 6월 '동성 간 결혼을 금지하는 것이 헌법이 보장하는 평등권에 위배된다.'라는 멕시코 대법원 판결이 말해 주듯이 가톨릭 국가라고 여겨지는 이곳 멕시코에서도 교회는 세상이 변화하는 빠른 속도감에 어지러움을 느끼고 있습니다.

그리고 사제들이 공통적으로 느끼는 어려움은 역시 '고독감'이었습니다. 젊으면 젊은 대로, 나이가 들면 나이가 든 대로 평생을 혼자 독신으로 살아가야 하는 사제들이 토로하는 고독감은 필연적인 것인지도 모릅니다. 하지만 저는 동료 사제들과 조금 다른 방향에서 고독에 대해 함께 생각해 보고 싶었습니다. 고독감은 독신 생활이라는 사제들의 처지에서 나오는 것이 아니라, 자기 존재를 인식하고 나아가 내가 아닌 다른 존재의 주관성을 인정하는 데서 나오는 것이라고 말입니다. 이는 고독이란 인간 존재가 느끼는 심리적인 필연이라는 것을 잘 이해하는 데서 비롯된 생각이기도 합니다.

거울 속에 비친 존재가 '나'라는 것을 인식하지 못하는 필로토와 카피탄이라도 혼자 있을 때 두려움을 느낄 수는 있습니다. 그 두려움은 아빠의 등장으로, 혹은 다른 개체와 함께 지내는 것으로 쉽게 해결할 수 있습니다. 하지만 거울 속에 비친 존재가 '나'라는 것을 인식할 수 있는 인간은, 자신과 똑같은 다른 인간 존재들의 죽음을 경험하면서 언젠가 거울 속에 비친 '나'라는 존재가 결국 실제로는 존재하지 않게 되리라는 것을 삶의 결과로 받아들여야만 하는 심리적 숙제를 안고 살아갑니다.

그런데 언젠가는 나 역시 존재하지 않게 된다는 사실, 어디론가 흔적도 없이 사라지고 말 존재라는 사실을 받아들이는 작업이란 쉽지 않지요. 그래서 인간은 죽음에 대한 두려움과 맞물려서 지금 함께 살아가고 있는 가족이나 동료들과 심리적 거리를 두면서 고독하게 존재하는 것 같습니다. 고독이란, 인간이 어차피 자신이 존재하지 않게 될 때가 오고야 만다는 것을 인식하고 나서, 앞으로 닥쳐올 그 상황을 너무나 낯설고 갑작스러운 것으로 맞이하고 싶지 않아 본능적이고 심리적으로 거리감을 두는 것인지도 모릅니다.

하지만 지금 느끼고 있는 고독을 좀 더 깊이 이해하고자 한다면 영혼의 거울을 자주 들여다보는 것이 좋습니다. 눈을 감아야 보이는 영혼의 세계, 존재의 세계를 마주하기 위해 오늘도 눈을 감고 성체 앞에 무릎을 꿇게 됩니다. 저 자신과 당신이 어디로 가고 있는지 더 분명하게 보기 위해서 말입니다.

## 종말의 시작

요즘에는 식사를 할 때마다 고추 장아찌를 반찬으로 삼아서 맛있게 먹고 있습니다. 내 손으로 직접 고추씨를 뿌리고 가꿔서 수확한 고추로 만든 장아찌이니 그 맛이 더욱 훌륭하게 느껴집니다. 물론 수확량이 많지 않아서 시장에서 산 고추와 함께 담근 것이기는 하지만 그래도 닭을 키워 얻은 달걀 이후로는 처음으로 생산자이자 소비자의 입장에서 음식을 먹어 보는 경험입니다. 또한 스스로 몸을 움직이고 땀을 흘려서 얻어 낸 노동의 결실을 이웃 사람들에게 나누면서 아주 커다란 기쁨을 얻고 있습니다.

땅이 넓지 않은 까닭에 고추씨는 두 군데에 뿌려 두었었습니다. 사제관 뒤쪽에는 우리나라 사람들이 먹는 고추와 맛과 생김새가 비슷한 '칠레 베르데Chile Verde'를 심어 놓았고, 제의 방 옆 조그만 화단에는 이곳 멕시코 사람들이 가장 좋아하는 '칠레 아바네로Chile Habanero'를 심어 두었습니다. 칠레 베르데는 제가 장아찌를 담가서 먹고 있고, 칠레 아바네로는 주말마다 성당 기금 마련을 위한 식사 판매 때 불에 구워서 소스를 만드는 데 사용합니다. 칠레 아바네로는 세계에서 제일 매운 고추로 소문이 자자한데 우리나라 청양고추보다도 캡사이신 함유량이 열 배 정도 높다고 합니다. 그렇게 매운 고추를 불에다 구워서 먹으면 얼마나 더 매울지 상상이 안 가시지요?

사제관 뒤편에 심어 놓은 칠레 베르데를 수확할 때 저는 아무 생각도 없이 고춧대를 통째로 뽑고 그 자리에 들깨를 심었습니다. 어렸을 때 할머니께서 텃밭에 심어 놓은 고추를 뿌리째 뽑아서 고추와 고춧잎을 따는 모습을 직접 봤었기 때문입니다. 옛날 시골에서는 수확하고 남은 고춧대를 아궁이에 넣고 불을 피우는 모습도 자주 볼 수 있었습니다. 마찬가지로 제의방 옆에 심은 칠레 아바네로도 수확을 한 뒤 뽑아 낼 생각이었습니다. 제가 아는 바로는 고추는 일년생 풀이었기 때문입니다.

그런데 제가 고추를 뽑아 낸 것을 보고 신자들이 난리가 났습니다. 우리나라와 같이 긴 겨울이 있는 온대 지방에서는 고추를 일년생 풀로 여기지만 이곳 열대 지방에서는 고추를 다년생 나무로 여깁니다. 그래서 처음에는 나무가 아직 뿌리를 튼튼히 내리지 못해서 수확이 보잘것없어도 두 번째 해부터 그 결실이 확연하게 달라진다고 합니다. 다행히 제의방 옆의 칠레 아바네로는 뽑지 않아서 생명을 이어 왔고 최근에는 첫 번째 수확과는 비교도 할 수 없을 만큼 고추가 주렁주렁 열려서 아주 고운 빛깔로 튼실하게 익어 가고 있습니다.

이 일을 통해 그동안 제가 알고, 제가 경험했고, 제가 그렇다고 믿는 것이 모두 진실이 아닐 수 있다는 생각이 들었습니다. 그러고 보니 지금까지 살아오는 동안 제가 진실이라고 굳게 믿어 온 것들이 그렇지 않았던 경우가 많이 있었습니다.

자기의 지식과 경험이 절대적인 진실이라고 믿는 것은 신념이 아니라 환상인 것 같습니다. 개인 한 사람이 가지고 있는 지식과 경험은 지극히 제한적이고, 그렇게 지극히 제한적인 지식과 경험 밖에는 무한에 가까운 미지未知의 영역이 존재하기 때문입니다. '내가 알고, 내가 경험했고, 내가 그렇다고 믿고 있는 것들이 진실이 아닐 수도 있다.'라는 유연한 생각을 가지고 살 때 더 다양하고 유익하고 새로운 것들을 받아들이고 배워 갈 수 있다는 깨달음을 얻게 됩니다. 아울러 나와 다른 견해와 경험을 가지고 살아가는 타인의 이야기에 더욱 귀를 기울여야겠다는 생각도 듭니다. 죽는 순간까지 자신이 지극히 제한된 지식과 경험만을 가지게 될 수 있다는 사실을 명심하고, 무한한 '미지의 세계' 앞에 언제나 겸손한 자세로 살아가도록 노력해야겠습니다.

"자신이 절대적으로 옳다고 믿는 것은 종말의 시작이다."(알베르 카뮈)

## 뜻밖의 횡재

주장낙토走獐落兎라는 한자성어가 있습니다. '노루를 쫓다가 토끼를 잡다.'라는 뜻으로 '생각지도 않은 이익이나 재물을 얻음'을 뜻하는 말입니다. 한마디로 횡재를 뜻하는 말이지요. 오늘 오전에 볼일이 있어서 시내에 나갔다가 싱싱한 채소나 과일을 좀 살 수 있을까 하는 마음에 재래시장에 잠깐 들렀습니다. 그동안 육류만 과도하게 섭취하는 것 같아서 싱싱한 과일이나 채소를 먹으려고 일부러 의지를 가지고 나선 길이었습니다. 그렇게라도 하지 않으면 식습관을 바꾸지 못할 것 같았거든요.

채소를 파는 곳을 지나는데 시장 아주머니 한 분이 무청을 뜯어서 시장 바닥에 버리는 것이 우연히 눈에 띄었습니다. 순간 무청에 비타민이 엄청 많이 들어 있다는 말을 들은 기억이 떠올랐습니다. 말려서 시래기라도 만들어 된장국에 넣어 먹으면 좋겠다 싶어서 그 아줌마에게 무청을 팔 수 있느냐고 물었습니다.

"뭐에 쓰시려고요? 닭이나 칠면조 주려고요?"

저는 엉겁결에 그렇다고 답했습니다. 그랬더니 커다란 비닐봉지에 한가득 담아 주면서 돈도 받지 않으려고 하는 것이었습니다. 당신 입장에서야 어차피 버리는 무청을 청소해 주는 셈이니 그렇기도 하겠지요. 그래도 공짜로 받아 오기는 뭐해서 아주머니에게 한국 돈으로 400원 정도에 해당하는 5페소를 쥐여 드렸습니다.

집에 와서 비닐봉지를 헤쳐 보니 무청이 제법 많이 쏟아져 나오더군요. 살펴보니 몇 가지 불순물이나 노랗게 마른 잎이 섞여 있었습니다. 그래서 식탁 위에 펼쳐 놓고 한 잎 한 잎 깨끗하고 싱싱해 보이는 무청만 모으고 나머지는 '닭에게' 주었습니다. 다 모아 놓고 보니 싱싱한 무청만 조그만 대야에 하나 가득 찼습니다. 뜻밖의 횡재에 신이 나서 무청에 소금 간을 하고 있는데 그런 저를 보고 한 자매님이 물었습니다.

"신부님! 그거 무 이파리 아니에요? 뭐 하시려고 그렇게 깨

곳이 씻고 계세요?"

"뭐하기는요? 먹으려고 씻는 거지요."

무청을 먹는다는 말에 자매님이 놀란 토끼 눈이 되었습니다. 이곳 사람들이 먹지 않고 버리는 무청이 제게는 '주장낙토'가 된 것입니다. 비타민이 풍부하게 함유되어 있다고 설명을 해 줘도 무청을 한 번도 먹지 않고 버려 온 사람들에게는 무청이란 아무런 쓸모가 없는 것에 불과합니다.

그리고 보니 예수님 시대에 유다인들에게 예수님의 가르침도 바로 이러했을 것이라는 생각이 듭니다. "행복하여라, 가난한 사람들! 하느님의 나라가 너희 것이다. 행복하여라, 지금 굶주리는 사람들! 너희는 배부르게 될 것이다. 행복하여라, 지금 우는 사람들! 너희는 웃게 될 것이다."(루카 6,20-21)

이 세상에서의 부유와 배부름과 쾌락이 최고의 행복이라고 믿고 살아가던 사람들에게, 예수님은 욕심을 내려놓은 마음의 가난과 결핍, 그리고 영적인 고독의 눈물을 진정한 행복의 조건으로 제시하십니다. 하지만 당시 사람들은 "마음이 가난한 사람으로 살면 하늘나라에서 받을 상이 크다. 즉 영원하고 진정한 행복의 삶을 살아갈 수 있다."라는 가르침을 받아들일 수 없었습니다. 자신들의 신념과 철저하게 달랐기 때문입니다.

그래서 진정한 행복, 영원한 생명이라는 횡재를 눈앞에 두고도 놓쳤던 것입니다.

그것은 우리도 마찬가지 아닐까요? 우리 역시 우리를 진정한 행복으로 이끌어 주는 주님의 '참행복 선언'을 믿지 못하고 살아가고 있는 건 아닌지요. 그래서 진정한 행복이라는 횡재를 놓치고 있는 건 아닌지 깊이 묵상해 봐야 할 것 같습니다. 하느님 나라의 행복의 조건들을 믿고 '지금 여기'에서 실천하며 살아가려고 더욱 노력하는 것, 이 세상에 횡재도 그만한 횡재가 없을 테니까요.

어쩌면 저도 바로 눈앞에 있는 횡재를 놓치고 있는 것은 아닌지 매일 제 삶을 다시 돌이켜 봐야겠습니다. 버려지는 무청에 비타민이 무진장 많이 들어 있다는 것을 믿고 무청 겉절이를 듬뿍 담가 먹을 수 있는 횡재가 제 앞에 그동안 수없이 있었을지도 모르니 말입니다.

## 당신을 안아 드리겠습니다

　사제관에 며칠 함께 머물고 있는 미겔 신학생과 화요일 병자 방문을 다녀왔습니다. 오늘은 방문을 떠날 때부터 발길이 무척 무겁게 느껴졌습니다. 작년 이맘때쯤 병석에 누운 살바도르 공소 회장님에게 병자성사를 주러 가야 했기 때문입니다. 살바도르 씨는 아직 60대 초반의 한창 일할 나이인데 골육종으로 투병한 지 일 년이 채 못 되어 마지막 노자성체를 드려야 할 만큼 상태가 좋지 않았습니다.

　살바도르 씨의 집에 도착했을 때 그의 딸은 일부러 아빠가 들으라는 듯 큰 소리로 "지금은 아무렇지 않고 호전되고 있어요."라고 제게 말했습니다. 그의 아내도 마찬가지로 밝은 목소리로 파드레 에스테반이 왔다고 남편에게 알렸습니다. 제가 가족들과 함께 방으로 들어가자 살바도르 씨는 저와 단둘이서 대화를 나누고 싶다고 했습니다. 먼저 당신이 살아온 지난날에 대한 총고해를 한 뒤 이야기가 이어졌습니다.

"파드레 에스테반! 그동안 우리 가족과 함께 행복을 나눠 줘서 고맙습니다. 이제 제 부모님이 먼저 가 계신 곳으로 떠날 때가 된 것 같네요. 가서 아버지, 어머니께 잘 지내다가 왔다고 인사드리고 예전 어렸을 때처럼 행복하게 지내겠습니다. 건강히 잘 지내세요. 파드레 에스테반!"

저는 순식간에 20년이라는 시간을 거슬러 제 아버지께서 돌아가시기 며칠 전으로 돌아간 듯한 착각에 빠졌습니다. 살바도르 씨가 제게 건넨 인사는 제 아버지가 먼 길을 떠나시기 전에 제게 남기신 마지막 인사와 놀랍도록 흡사했습니다. 가족들과 함께 살며 익숙해진 차안此岸을 떠나 아무것도 알지 못하는 피안彼岸으로 여행을 떠날 때 그 누군들 두려움을 느끼지 않겠습니까? 아마도 그런 두려움을 떨쳐 버리고 담담하게 길을 나서기 위해 사람들은 강 너머 저 언덕의 세상을 '돌아가신 부모님이 나를 기다리고 계신 곳'이라고 부르는 것 같습니다. 부모님이 나를 기다리고 계신다고 생각하면 설사 지옥을 간다고 해도 마음에 큰 위로가 되겠지요.

그래서였을까요? 저는 영혼의 구원을 위해 존재하는 거룩한 교회의 사제로서 살바도르 씨에게 당연히 해야 하는 종교적인 위로를 건네기보다 살바도르 씨가 부모님과 함께 보냈던 옛 시절의 추억을 들려 달라고 청했습니다. 그는 한층 밝아진 얼굴로 어렸을 적 부모님과 함께했던 시간을 도란도란 나눠 주었습니다. 부모는 차안에서나 피안에서나 두려움을 떨치고 마땅히 해야 할 일을 의연히 할 수 있도록 힘과 위로를 주는 존재인 것 같습니다.

그렇게 이야기를 나누고 나서 우리는 손을 굳게 붙잡은 채로 인사를 나누었습니다. 살바도르 씨의 입에서 소리 없는 통곡이 터져 나왔습니다. 아내와 딸이 들을까 봐 매일 커져만 가는 두려움과 서러움 속에서도 한 가장은 끝까지 흐느끼는 소리를 삼켰습니다. 살바도르 씨의 아내와 딸에게 "특히 밤 시간에 그를 혼자 있게 하지 마세요." 하고 간곡히 부탁을 드린 후 집을 나섰습니다. 빛이 사라지고 사방이 고요한 시간에 그가 혼자서 뜬눈으로 밤을 새우면서 부들부들 떨고 있는 모습이 눈에 선했기 때문입니다.

우리 모두는 참으로 연약한 존재입니다. 이런 연약한 존재들이 밤의 두려움과 낮의 살벌함을 이겨 내고 의연하게 살아갈 수 있는 길은 많지 않습니다. 서로를 안아 주고, 서로를 위로하고, 서로를 위해 울어 주고, 서로를 위해 가진 바를 나누고, 서로 사랑하는 것, 그것 말고 더 무엇이 있겠습니까?

밖에는 천둥과 번개를 동반한 폭우가 쏟아지고 있습니다. 저는 이 폭우를 뚫고 공소에 미사를 나가야 합니다. 저의 위로가 필요한 늙고 가난한 어부들이 저를 기다리고 있기 때문입니다. 물론 저도 위로가 필요할 때가 있습니다. 그럴 때 저를 안아 주세요. 저도 당신을 안아 드리겠습니다. 우리에게는 사랑이 전부입니다.

제3장

# 돌아갈
## 집이 있는 행복

## 알았으면 안 했어

1월 6일! 해마다 1월 6일이 되면 저는 아무도 기억하지 않는 저만의 특별한 기념일을 보냅니다. 2003년 1월 6일, 제가 한국외방선교회에 확정적으로 합체된 회원으로 종신토록 선교 사제로 살아가겠다는 종신 선교사 서약을 한 지 올해로 13년이 흘렀습니다. 수도회원들에게는 종신 서원이 커다란 의미로 기억되지만 저와 같은 외방선교회의 회원들에게는 사제 서품에 묻혀서 잊히기 쉬운 기념일입니다. 하지만 저는 사제 서품 기념일 못지않게 종신 선교사 서약 기념일을 무게 있게 받아들이고 혼자서 의미 있는 날로 기억합니다.

13년 전 오늘 제가 한 종신 선교사 서약은 하느님 앞에 두 가지 차원에서 중요한 의미를 가집니다. 첫째, 그것은 하느님 품으로 돌아가는 그날까지 선교 사제로서 활동하겠다는 약속입니다. 이 약속으로 인하여 저는 선교 사제로 불러 주신 하느님의 성소를 저의 운명으로 받아들이며 완성시켜 가야 합니다. 둘째, 그것은 종신토록 선교 사제로서 살아가되 한국외방선교회라는 공동체에 확정적으로 합체된 회원으로서 살아가겠다는 약속입니다. '확정적 합체'라는 말에 담긴 뜻은 '완전히 한 몸이 되었다.'라는 의미입니다. 몸을 이루는 지체들이 잘려 나가면 지체는 물론이고 결국에는 그 몸이 죽음에 이르듯이 종신 서약을 통하여 저는 한국외방선교회와 더불어 생명과 운명을 함께하겠다고 하느님께 서약을 한 것입니다. 저의 종신 선교사 서약은 결국 이런 내용입니다. "한국외방선교회의 이름으로 평생을 선교 사제로서 살다가 당신 품으로 돌아가겠습니다."

이 서약의 이면에는 우리 눈에는 잘 보이지 않는 하느님의 약속이 들어 있습니다. "내가 항상 선교 사제로서의 너의 길을 축복하고 동행하겠다." 저만 하느님께 일방적으로 약속한 것이 아니라 하느님께서도 제가 당신 품에 돌아갈 때까지 저의 선교 사제의 소명을 동행해 주시겠다고 약속하셨으니 쌍방의 약속인 것이지요. 제가 깨지 않는 한 하느님께서는 결코 이 약속을 깨지 않으시고 지켜 주시리라 믿는 것이 신앙입니다.

서약을 하던 순간에 그 서약이 지니는 이런 엄청난 무게와 의미를 제가 잘 이해하고 있었는지 스스로에게 물어보면 그 답은 "아니요."라는 것입니다. 아니, 그때 알았더라면 결코 종신 선교사 서약을 하지 못했을지도 모릅니다. 가끔씩 결혼하신 분들이 "아휴! 이럴 줄 알았더라면 결혼 못했지요."라고 농담 반 진담 반으로 하시는 말씀을 들을 때가 있습니다. 하지만 저는 진실로 말씀드립니다. 알았더라면, 결코 못했거나 안 했거나 아무튼 오늘날 선교사인 최강은 없었을 것입니다.

모르고 해서 후회가 되는지 물어보시면, "예! 가끔 그렇습니다."라고 대답하겠습니다. 선교 사제로 살아가는 해가 늘어 갈수록, 작렬하는 태양 아래서 흙먼지를 일으키며 터벅터벅 걸어가는 발걸음이 늘어 갈수록 '알았으면 안 했어.'라고 혼잣말을 던지고 웃어 대는 날이 많아집니다. 하지만 서약은 서약입니다. 그것도 하느님 앞에서 한 거룩한 서약입니다. 저는 저를 잘 압니다. 제가 스스로 한 약속을 가볍게 여기고 지키지 않는다면 저는 이 세상에서 어떤 다른 이름, 다른 모습으로 살아가더라도 결코 행복하지 못할 것입니다.

때로 선교 소명이 고독하고 무겁고 어렵게 느껴지지만 하루하루 이 소명을 통하여 제 운명의 그림이 완성되고 있다는 느낌을 받을 때는 더없이 기쁘고 행복합니다. 세상에 외롭지 않은 이, 고단하지 않은 이가 누가 있겠습니까? 외롭고 고단한 것이 우리의 인생인 걸요. 그 외롭고 고단한 인생을 평생 함께 걸어 주시겠다는 하느님이 계셔서 고맙고 기쁘고 행복합니다. 종신 선교사 서약을 발한 지 13주년이 되는 오늘 다시 한 번 하느님과 한국외방선교회 앞에서 그 서약의 중요성과 은혜로움을 가슴 깊이 새기며 기도합니다.

"주님, 지난 13년 동안 저의 선교 소명을 지켜 주시고 동행해 주심에 감사드립니다. 선교 소명이 제 운명으로 마감될 때까지 종신토록 저를 봉헌하오니 언제나 저와 동행하며 지켜 주소서! 아멘."

## 하루에 10분

어제저녁 미사를 마치고 제단에서 내려오는데 한 가족으로 보이는 사람들이 제 곁에 다가와서 이야기를 하고 싶다고 했습니다. 저는 그들을 제의방으로 안내한 뒤 어머니로 보이는 자매님의 이야기를 들었습니다. 들어 보니 참 안타까운 사정이었습니다. 그저께 남편을 여의고 막 장례를 모두 마친 뒤 성당으로 들어오는 참이라고 했습니다. 집안 식구들이 모두 가톨릭교회에서 세례를 받았지만 가난한 살림을 이끌어 가느라 아무도 신앙생활을 하지 못했다고 합니다. 그래서 아이들의 아버지이자 집안의 가장이던 망인의 장례도 주위 사람들의 도움으로 치렀다고 하더군요.

세례만 받았을 뿐 신앙생활을 전혀 해 보지 못한 탓에 소속

된 본당이 어디인지, 어떻게 마지막 장례 미사를 청해야 하는지, 장례 미사를 치르려면 얼마가 들어가는지 몰랐다고 하더군요. 그러고는 돌아가신 분의 영혼을 위해 아무것도 해 준 것이 없다며 급기야 가족들이 모두 참았던 울음을 터뜨리고야 말았습니다. 어떤 분이 성 프란치스코 본당의 에스테반 신부에게 가 보라고 권해서 무작정 찾아왔다고 했습니다. 한눈에 보기에도 드러나는 남루한 복장은 찢어질 듯 가난한 그 가정의 사정을 말해 주고 있었습니다. 장례 미사를 어느 본당에 신청해야 하는지도 몰랐겠지만, 설령 알았다 하더라도 얼마를 내야 할지 지레 겁을 먹은 탓에 알아볼 생각조차도 안 했던 것은 아닌지 딱하기 그지없는 상황 앞에서 내내 마음이 무거웠습니다.

그 가족에게 저는 장례 일정은 끝이 났지만 돌아가신 분의 영혼을 위해 연미사를 일주일 동안 봉헌해 드리겠다고 말씀드렸습니다. 그러자 당장에 얼마를 내야 하느냐고 묻더군요. 영혼을 위로하는 미사까지 돈으로 계산하는 이런 분들을 만날 때마다 참 난감합니다. 내지 않으셔도 되고 또 장례 미사는 가톨릭 신자로서 돌아가신 분의 마지막 권리이기 때문에 본당에 꼭 신청하셨어야 했다고 차근차근 설명을 드렸습니다.

예수님의 사목에서 가난한 사람들은 언제나 가장 중요한 자리를 차지했습니다. 따라서 예수님의 가르침을 따르는 신자들의 모임인 교회는 가난하고 소외받는 사람들을 섬기는 예수 그리스도의 모습을 세상에 보여 줄 때만 참다운 권위를 인정받을 수 있습니다. 교회 스스로가 존재의 이유와 목적이 되어서는 안 됩니다. 그리스도의 교회는 가난하고 소외되고 억압받는 사람들을 위해 존재해야 하고, 또 그런 사람들을 섬기고 봉사함으로써만 스스로의 정체성을 확립할 수 있을 뿐입니다. 그러나 불행하게도 오늘날 교회는 가난한 사람들이 넘나들기에는 장벽과 문턱이 너무나 높은 것 같습니다.

제도화, 종교화되어 버린 교회에서 위로부터 변화가 일어나리라고 기대하기란 사실상 어렵습니다. 언제나 그랬듯이 교회의 변화도 아래로부터 시작되어야만 합니다. 그 '아래'에 해당하는 사람이 바로 우리입니다. 결국 우리가 변하지 않으면 교회의 변화도, 세상의 변화도 기대할 수 없다는 말이지요. 가난하고 소외받는 사람들을 섬기는 일을 우리 신앙생활의 중심에 놓자고 다시 한 번 제안합니다. 공허한 말이 아니라 실제의 변화를 이끌어 낼 수 있는 행동을 제안합니다.

아침에 일어나면 곧바로 5분간만 투자하여 '가난한 이들을 위해 지금 내가 할 수 있는 것은 무엇인가?'를 물으며 기도하십시오. 그리고 하루 생활 중에 다시 5분간만 투자하여 그 일을 실행에 옮기십시오. 거창하면 오래가지 못하니 아주 작은 일, 아주 작은 도움부터 시작하는 것이 좋습니다. 하루는 1,440분입니다. 그중에 딱 10분만 가난하고 소외받는 사람들을 위해 진심으로 갈망하며 사용해 봅시다. 그 10분이 우리를 바꾸고, 교회를 바꾸고, 세상을 바꿀 수 있습니다. 이 '하루에 10분' 운동에 여러분을 초대합니다. 가능하면 주변의 좋은 친구들도 초대하여 함께해 주십시오.

## 비 오는 날의 커피 한 잔

당신은 언제 행복하다고 느끼시나요? 저는 보통 빗방울이 지붕이나 지면에 떨어지는 소리를 들으면서, 빗방울이 창문에 부딪쳐서 부서지는 모습을 보면서 커피를 한 잔 마실 때 참 행복하다고 느낍니다. 그런데 오늘은 그렇지가 않네요. 지금 빗소리를 들으면서, 빗방울이 창문에 부서지는 것을 보면서 커피를 마시고 있지만 전혀 행복하지가 않습니다.

여기 캄페체에서는 지난번 국회의원 선거와 주지사 선거 등 지방선거를 치를 때 멀쩡한 도로에 급하게 시멘트를 퍼부어서 깨끗하게 '보이도록' 하는 공사가 있었습니다. 그때 하수구가 모두 막혀 버렸지요. 선거를 앞두고 보이기 위한 공사를 한 탓에 캄페체는 이제 구정물의 도시가 되어 버렸습니다. 기후 특성상 오후만 되면 무거워진 구름이 한바탕 열대성 스콜을 퍼붓는 것이 자연스러운 이곳에서 이제 열대성 스콜은 더위를 식혀 주는 고마운 비가 아닙니다.

비가 내리면 지대가 낮은 곳에 위치한 우리 성 프란치스코 성당은 주변이 온통 물바다로 변해 버립니다. 그래서 매일 성당에 와서 미사를 드리는 것이 거의 유일한 낙이라고 할 수 있는 할머니들이 성당에 나올 수가 없게 됐습니다. 고인 빗물은 해가 떠서 아무리 부지런히 증발을 시켜도 며칠 동안 동네 구석구석에 그대로 남아 있습니다. 게다가 생활 쓰레기와 함께 합해져 빗물이 구정물이 되면 뎅기 바이러스와 치쿤구니아 바이러스의 숙주인 모기 떼들이 알을 낳고 번식하기에 딱 좋은 환경이 되지요. 그 때문에 요즘 치쿤구니아 열병이 창궐해서 고생이 이만저만이 아닙니다. 이런 상황인데도 주 정부는 9월 15일에 있을 주지사 취임식을 준비하는 일에만 몰두하는 모습입니다.

시대가 맞았더라면 저는 틀림없이 아나키즘Anarchism 운동에 뛰어들었을 것 같습니다. 아나키즘은 개인을 지배하고 억누르고 핍박하는 그 어떠한 정치적, 사회적 조직과 권력도 인정하지 않고 오로지 개인의 자유, 평등, 정의 그리고 그러한 개인 간의 연대를 추구하자는 철학이자 운동입니다.

　아나키즘은 지나간 시대의 한물간 사상이라고 생각하는 사람들이 있을지도 모르겠지만 저는 인간이 진정한 자유를 꿈꾸며 살아가는 한 아나키즘은 영원히 인간 사회에 남아 있을 것이라고 생각합니다.

　누군가는 이렇게 말하겠지요.

　"순진한 파드레! 정신 차리세요. 지금 이 시대에 국가를 거부하고 진정한 자유를 찾는 것이 가능할까요?"

　그러면 저는 이렇게 대답할 것입니다.

　"현실적으로 불가능하다고 하지만 말고, 개인적이고 이상적으로 실현하면 가능해지지 않겠습니까?"

　열대 지방에서는 오후에 스콜이 쏟아지는 것이 자연의 순리일진대 아스팔트와 콘크리트에 갇혀 버린 도시는 조그만 비에도 이미 기능을 하지 못합니다. 오로지 선거에서 이기기 위해 주 정부가 보인 전시 행정 때문에 이리되어 버린 것입니다. 저는 이러한 잘못된 정치를 인정할 수 없습니다.

　역사적으로 부도덕한 형태의 정치적 권위가 그 생명을 이어 가기 위해 사용하는 가장 극단적이고 가장 폭력적인 방법이 바로 전쟁입니다. 전쟁을 이용하여 개인과 사회의 합리적인 의문과 정의로운 저항 정신까지도 한 방에 해결해 온 정치적 세력들이 언제나 존재해 왔습니다. 그들은 전쟁이 가져오는 공포와 비인간화를 철저하게 이용합니다.

  빗소리를 들으면서 커피를 마시는 것이 가장 행복하다고 느꼈는데 언제부터인지 비가 내리면 우리 성당의 착하신 할머니들 걱정부터 하게 되었습니다. 언제부터인지 다시 전쟁이라는 단어가 회자되고 있습니다. 저는 국가와 정치를 부정하지 않습니다. 다만 모든 부도덕한 정치적 권위를 거부하고 그에 저항합니다. 회색빛 도시를 거부하고 사방이 고요한 산속에서 녹색 풀잎 위에 떨어지는 빗소리를 들으며 커피 한 잔을 행복하게 마시는 것이 제가 할 수 있는 유일한 저항 방법일까요? 자연의 이치에 따라 살아가는 자연주의적 아나키스트를 꿈꾸며 다시 커피를 내립니다.

## 호기심과 두려움

　며칠 전 저녁 늦은 시간에 전례 분과에 소속된 신자들이 제게 뭔가를 문의해 와서 그에 대한 답을 드리기 위해 사제관 마당에 서 있었습니다. 금방 들어갈 생각이라서 문은 잠그지 않고 조금 열어 둔 채였습니다. 대화가 끝나고 나서 다시 들어가려고 문 쪽을 보니 어린 강아지 카피탄이 조금 열린 문틈에 고개만 쏙 빼서 호기심이 가득한 표정으로 바깥 세상을 구경하는 모습이 보였습니다. 그 모습이 얼마나 예쁘던지 사진을 찍기 위해서 가까이 다가갔는데도 카피탄은 뭐에 정신이 그토록 팔렸는지 꼼짝도 안 하고 있었습니다.
　뭔가 새로운 것을 알고 싶어 하고, 새로운 것을 경험하고 싶어 하고, 새로운 곳을 방문해 보고 싶은 호기심은 남녀노소 누구에게나 있습니다. 강아지와 고양이 같은 동물들도 그렇지요. 낯설고 새로운 것을 향한 이러한 호기심 덕분에 인류의 문명이 오늘날처럼 발달하게 되었다고 해도 과언이 아닐 것입니다. 호기심이 없었더라면 인간은 뭔가 새로운 것을 갈망하지도 않았을 테고, 새로움에 대한 갈망이 없었더라면 그냥 주어진 환경에 순응하며 살아갔겠지요.

호기심이 있다고 해서 모든 상황에서 그 호기심을 풀 수 있는 것은 아닙니다. 새로운 것에 대해 호기심이 생기는 만큼 낯선 것에 대한 두려움과 현실에 대한 걱정도 함께 생기기 때문입니다. 두려움과 걱정이 호기심보다 크면 길을 나서지 못합니다. 예를 들어 결혼하여 가정을 이루게 되면 무엇보다도 가정의 안녕과 안정을 걱정하게 되고, 나이가 들면 들수록 새로운 것에 대한 두려움도 커지게 마련입니다.

지금까지 저는 대체적으로 호기심을 충족시키는 삶을 살아온 것 같습니다. 호기심 중에서도 미지의 세계에 발을 들여놓고자 하는 방랑자의 호기심을 지닌 채 지금까지 살아온 것 같습니다. 언제나 익숙해진 환경보다 낯선 곳에 홀로 서 있을 때 마음에서 일어나는 약간의 긴장감을 즐기면서 살아온 것 같습니다. 떠나고 싶을 때 떠날 수 있는 자유가 좋았습니다. 그래서 사회적이고 보편적인 삶보다는 개성적이고 독창적인 삶을 고집하며 살아왔습니다.

저 같은 사람이 결혼을 했더라면 어쩔 뻔했답니까? 이렇게 혼자 살아가는 것이 얼마나 다행인지 모릅니다. 다행히도 결혼 생활에 대한 호기심이 두려움과 걱정을 이길 만큼 컸던 적이 없기에 외로움을 팔아서 괴로움을 살 일은 없었습니다. 오히려 신에 대한 호기심, 신과 인간 사이의 관계와 그 상호작용에 대한 호기심이 언제나 컸었고, 그 호기심 때문에 출가를 결심할 수 있었습니다. 저를 선교 사제의 길로 이끈 것은 바로 그 낯선 곳을 향한 호기심이었습니다.

요즘 제 마음을 가득 채우고 있는 호기심이 있습니다. 산속에 들어가서 자연에 순응하며 하늘과 땅, 바람과 비, 외로움과 그리움, 사람과 사랑에 대해 보다 깊이 느끼는 삶을 향한 호기심입니다. 하지만 교회라는 조직에 속한 사람으로서 지금 당장 그것을 실현하기는 어려우니 그냥 꿈으로 남겨 놓고 살아갑니다.

오늘 또 하루가 저물어 갑니다. 저를 창조하신 하느님과 저 자신에 대한 예의가 무엇일지를 생각하면, 그것은 제가 진정으로 원하는 삶을 살아가는 것이 아닌가 합니다. 그래서 저는 모든 사람이 자신이 진정으로 원하는 삶을 살아가기를 항상 기도합니다. 호기심도, 두려움도 모두 우리 마음속에서 일어나는 것입니다. 어떤 길을 선택하든 그 길이 사랑의 길이고 행복의 길이라면 호기심을 선택해도, 두려움을 선택해도 모두 바른 답이겠지요. 사랑과 행복이야말로 인생의 바른 답이기 때문입니다.

## 로베르토와 미겔에게

후배 신학생들에게!

로베르토! 그리고 미겔! 잘 도착했다는 메시지 보내 줘서 고맙다. 돌아가는 데만도 만 하루가 걸리는 것을 보니 우리가 정말 먼 곳에까지 와서 살고 있긴 한가 보다고 생각했다. 지난 일 년 동안 익숙하지 않은 스페인어를 쓰면서 낯선 문화에서 모르는 사람들과 함께 살아가느라 고생이 많았지? 이제는 꿈에도 그리던 어머니의 품에서 편안하게 휴식을 취할 수 있었으면 좋겠다.

오늘 화요일 병자 방문을 나가기 전에 라면 한 개를 끓이면서도 너희들 생각이 나더구나. 너희들이 여기에 있었으면 아까운 라면을 세 개나 끓였어야 하는데 이제는 한 개만 끓여도

된다는 현실이 우선은 반가웠다. 하지만 이내 그 반가움은 너희들에 대한 그리움을 덮기 위한 가면 같은 것임을 느끼고는 피식 웃음 지었지. 어른들 말씀에 드는 것은 몰라도 나는 것은 금방 표시가 난다더니 그 말이 사실이었구나 싶다.

복사 아이들과 성당 어르신들이 너희들 소식을 물을 때마다 기쁘게 답을 드린다. "예, 내년 1월 21일에 부제 서품을 받고 일 년 동안 부제로 지낸 뒤 하느님께서 원하시면 틀림없이 이곳으로 다시 돌아올 거랍니다."라고 말이지. 우선 코앞에 닥친 부제 수품을 겸손한 마음과 가난한 기도로 준비하기를 부탁한다. 성직에 나서는 설렘도 크겠지만 그 설렘은 금방 사그라지는 불꽃 같은 것이고, 사실 성직에 나설 때 하느님 앞에 발가벗고 홀로 서는 것과 같은 두려움과 외로움을 느낀단다.

너희들 곁에서 사랑과 기도와 관심으로 항상 동행해 주는 신자들을 항상 겸손하고 친절한 자세로 섬기도록 해라. 살이 찌면 살이 쪘다고 걱정해 주고, 살이 빠지면 살이 빠졌다고 걱정해 주는 부모님과 같은 사람들이다. 하지만 신자들이 한 치의 여유도 두지 않고 매몰차게 돌아서는 경우도 있다는 것을 알아야 한다. 우리가 우리에게 주어진 사제 성소, 선교 성소에 벗어나는 언행을 할 때 신자분들은 누구보다도 냉정하고 매몰

차게 우리에게 등을 돌린다.

　함께 지내는 동안 가족, 특히 부모님에게 마음과 영혼을 다해 효도하여라. 다른 아들들과 달리 우리는 영광스러운 사제의 길에 발을 디딤과 동시에, 조국과 가족과 그리운 친구들을 뒤로하고 낯설고 먼 땅으로 떠나야만 하는 존재들이다. 가족의 대소사를 함께 챙기지 못하는 것 자체가 불효이겠지만 그보다 더 큰 불효는 연세가 들어 가는 부모님을 자주 손잡아 드리지 못하고 안아 드리지 못하는 것이리라. 곁에서 모실 수 있는 짧은 시간 동안 많이 안아 드리고 많이 업어 드려라.

　사람들 앞에 있을 때는 지금까지 살아왔던 것처럼 항상 친절하고 재밌고 밝은 마음으로 섬기도록 해라. 하지만 성소 앞에서는 항상 진지하고 냉정한 이성을 써야 함을 잊지 않았으면 좋겠다. 이제 조금 있으면 유동진 신부가 이틀 전 너희들이 떠난 캄페체 공항에 도착한다. 하나가 떠나니 또 다른 하나가 하느님의 부르심에 응답하여 기꺼이 이곳 가난하고 위험하고 낯선 땅에서 새로운 하느님의 인연들과 함께 살아가고자 그 첫걸음을 내딛는구나.

　유 신부처럼, 로베르토와 미겔처럼 용감하고 투철한 신앙으로 어려운 선교 성소의 소명을 운명으로 받아들이는 후배들이 있어서 참 행복하구나. 나 혼자라면 불가능하겠지만 이렇게 서른을 갓 넘긴 젊은 나이에 이 거룩한 선교의 여정에 동행해 주는 후배들이 있어서 비로소 이 못난 선배도 용기를 내고 웃으며 터벅터벅 오늘 하루를 걷는다. 너희들이 떠날 때 맛있게 먹어 줬던 생갈비구이를 오늘 도착하는 유 신부를 위해 준비하려고 한다. 물론 화려한 칼질로 한국식 갈비처럼 길게 자르고 예쁜 칼집도 넣어 줘야지.

너희들이 항상 하느님 안에서 기쁘고 건강하고 행복하기를 기도하겠다. 우리 주 그리스도의 이름으로 너희들의 앞날을 축복하며 부족한 이 편지를 마무리한다. 사랑한다. 사랑이 전부다!

## 돌아갈 집이 있는 행복

요즘 차고 위에다 지어 놓은 제비집에서 어린 제비들이 분주히 들락날락하면서 비행 연습을 하고 있습니다. 이제 제법 멀리까지 날아갔다가 돌아오는 녀석들도 보입니다. 제비집에 얼굴만 빠끔히 빼어 놓은 채 엄마를 기다리는 어린 제비들의 새까만 눈이 너무 예쁩니다. 그러나 사진을 찍어 보려고 해도 얼마나 경계심이 많은지 금방 집 안으로 쏙 숨어 버리고 맙니다. 제가 제비집 주변에서 잠깐만 서성거려도 어디에서 나타났는지 어미 제비가 주변에서 분주하게 날아다니며 잔뜩 경계를 합니다.

성 프란치스코 본당 주변에는 오래전에 건축하다가 중간에 방치된 제법 큰 건물이 하나 있습니다. 그 폐건축물에 어머니와 아들이 살고 있었습니다. 플라스틱이나 음료수 병을 주워다가 팔아서 근근히 살고 있었지요. 이 어머니와 아들은 둘 다 정신 건강이 좋지 않은 데다가 알코올 의존이 심한 상태였습니다. 그런데 얼마 전에 그 둘 가운데 어머니가 갑자기 세상을 떠났습니다. 그리고 그 뒤부터 아들은 더 이상 폐건축물에 들어가서 잠을 자지 않습니다. 매일 저녁 어슬렁어슬렁 배회하다가 적당한 처마 밑에서 잠을 청합니다. 어젯밤에는 일찌감치 와서 성당 처마 밑 자리를 차지했더군요. 빈약하지만 그래도 가끔씩 저녁이라도 얻어먹고 몸을 눕힐 수 있는 성 프란치스코 성당 처마 밑은 집이 없는 분들에게 명당 자리라서 경쟁이 치열합니다.

어렸을 적에 인간 생존의 필수 삼대 조건이라고 배운 게 바로 '의식주'였습니다. 차례대로 보자면 입을 것, 먹을 것보다 잘 곳이 제일 뒤에 있지요. 하지만 옛날처럼 얼어 죽거나 배고파서 죽는 경우가 거의 없는 지금은 인간 생존의 조건보다는 인간 복지의 조건을 따져야 할 것 같습니다. 그렇게 따져서 집을 제일 앞에 놓아야 할지도 모르겠습니다. 생존을 위해서, 휴식을 위해서, 사생활의 보호를 위해서 집은 꼭 필요하니까요. 하루 종일 열심히 일한 다음 돌아갈 집이 없다고 상상해 보세요. 우리는 어디에서 무엇을 하면서 긴 밤을 지내고 새로운 날을 맞이할 수 있을까요?

집이 있다고 해도 그 집 안에서 도란도란 대화를 나누고 사랑을 나눌 가족이 없다면 과연 그것을 집이라고 할 수 있을까요? 숙소의 기능만을 하는 공간을 '우리 집'이라고 부르며 편안하고 행복해할 수 있을까요? '우리 집'이라는 낱말 안에는 '가족과 함께 살아가는 공간'이라는 개념이 포함되어 있습니다. 가족의 공동체성을 강조하는 한국인의 정서상 '우리 집'은 애초에 '나의 집'하고는 거리가 멀겠지요.

오늘 한번 가만히 생각해 봅니다. 제게 돌아갈 '우리 집'이 있다는 것이 얼마나 행복한 일인지를……. 주말을 맞아 한 주간의 고된 삶에서 해방되어 '우리 집'에서 함께 밥을 먹고, 함께 이야기를 하고, 함께 잠을 자는 우리 가족 한 사람 한 사람이 얼마나 고마운 인연인지를……. 매일 곁에 있어서 고마움을 못 느끼는 것들이 참 많은데 가족에 대한 고마움도 틀림없이 거기에 끼어 있을 것입니다.

저는 속으로 먼 곳에 있는 가족 한 사람 한 사람에게 용기를 내어 쑥스러운 고백을 해 봅니다. 그리고 이곳에 있는 신자들에게도 고백을 해 봅니다.

"사랑합니다. 고맙습니다."

그리고 돌아갈 집이 없는 이 세상의 모든 형제들을 위해서도 기도합니다.

"주님! 우리가 집이 없는 형제들에게 집이 되어 주고 가족이 되어 주기 위해 작은 일을 할 수 있도록 따뜻한 마음을 나누어 주십시오!"

## 부에노스 디아스, 에르마노스

 새벽에 잠에서 깨자마자 들을 수 있는 소리 가운데 빗소리만큼 행복한 것이 또 있을까요? 오늘이 바로 그랬습니다. 이곳은 항상 오후 4시에서 6시 사이에 열대성 스콜이 하늘에 구멍이라도 뚫린 듯 쏟아붓고 나면 끝인데, 오늘은 새벽부터 조용히 비가 내렸습니다. 오전 6시가 조금 안 된 시간이었는데 꼼짝도 안 하고 누워서 창가에 부딪치는 빗소리만 듣고 있었습니다. 제게는 자연이 들려주는 소리 가운데 빗소리만큼 아름다운 게 없는 것 같습니다.

 6시 30분쯤 빗소리가 점차 잦아진 뒤에야 일어나 앉았습니다. '하루에 10분'을 위해서 말이죠.

 "주님! 오늘 당신께서 저를 통해 돕기를 원하는 형제가 제 앞에 나타났을 때 그를 외면하지 않도록 도와주세요. 오늘도 저를 당신의 도구로 써 주세요."

비 때문에 아침 운동은 어쩔 수 없이 취소해야 했기에 오늘은 동네를 한 바퀴만 돌려고 마음먹었습니다.

아직 동네는 간밤의 잠에서 덜 깨어난 듯 비에 젖어 고요했습니다. 크게 한 바퀴를 돌고 성당으로 돌아오는 길에 쓰레기 수거 차량이 지나가는 모습을 보았습니다. 쓰레기 수거 차량이 느린 속도로 전진하는 동안 뒤에서는 젊은 청소부 둘이서 분주히 집 앞에 쌓인 쓰레기를 차 안으로 집어 던지고 있었습니다. 새벽에 내린 비 때문에 젖은 쓰레기는 상당히 무거워 보였습니다.

제가 낭만에 젖어 빗소리를 듣고 있던 시간에 이 청년들은 천근만근 무거워진 쓰레기를 나르고 있었다는 생각에 미치자 미안한 마음이 들었습니다. 바로 그때 요란한 경적 소리가 울리기 시작했습니다. 차량으로 쓰레기를 수거하면서 골목을 지나다 보니 그 뒤를 따라가던 차량 몇 대가 정체되었던 모양입니다. 그중 하나가 길을 비키라는 뜻으로 경적을 울려 대기 시작하자 다른 차들도 모두 함께 울려 댔습니다. 고요하고 평화롭던 골목 하나가 이기심과 신경질로 가득한 골목으로 변하기까지 채 긴 시간이 걸리지 않았습니다.

젊은 청소부 둘이서 급히 차를 두드리니 좁디좁은 골목의 한편으로 청소차가 바짝 붙었습니다. 그러자 정체되어 있던 차량들은 그 옆으로 무덤덤하게 빠져나갔습니다. 그 장면이 제 시선에 들어왔을 때 갑자기 많은 생각이 분주하게 일어났습니다.

'저들은 고요한 새벽에 신경질적으로 경적을 울려야 할 만큼 바쁜 사람들일까? 그래, 그럴 수도 있겠지. 그렇더라도 새벽부터 쓰레기를 치우기 위해 고생하며 무거운 짐을 지고 있는 형제들에게 고맙다는 인사나 가벼운 아침 인사라도 건네고 지나갔더라면 좋았을 텐데……. 내 안에도, 내 삶에도 분명히 저렇게 무심하고 거칠고 건조한 모습이 들어 있겠지. 다른 사람들이 하지 않는 고생을 하며, 무거운 짐을 지고 우리 사회를 위해 봉사하는 형제들에게 항상 더 따뜻하게 관심을 갖고 배려해 주는 세상이 오면 참 좋겠어. 그랬으면 정말 좋겠어.'

생각이 이렇게 들면 더 이상 주저할 것이 무엇이랍니까? 저는 두 청년에게 다가가 손을 내밀며 악수를 청했습니다.

"부에노스 디아스, 에르마노스!"

그러고는 다행히 주머니에 넣고 나온 지폐 한 장을 건네면서 말을 이었습니다.

"우리 동네를 위해 이렇게 수고해 줘서 정말 고맙습니다. 비가 와서 더 힘들지요? 일 다 끝내고 이걸로 든든한 아침이라도 챙겨 드세요."

두 청년의 얼굴에 멍한 표정과 기쁜 표정이 빠르게 교차하는 것을 보고 저 역시 참으로 행복했습니다. 그냥 지나치지 않고 고마운 형제들에게 고맙다는 인사를 건넬 수 있는 제 자신이 멋져 보이기까지 했다면 좀 '오버'하는 거지요?

앞으로도 저는 겸손하신 예수 성심을 닮은 말과 행동을 하며 '고생하며 무거운 짐을 진 형제'들을 섬기며 살고 싶습니다. 그러한 작은 몸짓 하나에서 기쁨이 샘솟고 세상이 아름다워지니까요.

"고생하며 무거운 짐을 진 너희는 모두 나에게 오너라. 내가 너희에게 안식을 주겠다."(마태 11,28)

## 생활의 달인

어렸을 때부터 저는 묵을 참 좋아했습니다. 어머니가 직접 쑤어 주신 도토리묵을, 파를 송송 썰어 넣고 고춧가루를 살짝 뿌린 참기름 간장에 찍어 먹곤 했지요. 특유의 쌉쌀한 맛과 함께 간장의 달콤함과 참기름의 고소한 맛이 묘한 조화를 이뤄 그 맛이 가히 환상적이라고 할 수 있었습니다. 그래서 외국 생활을 하는 중에 그리운 한국 음식 목록에는 꼭 묵 밥과 묵 무침이 들어갑니다.

요즘에는 세상이 좋아져서 슈퍼마켓에 가면 도토리묵이나 청포묵 가루를 쉽게 구입할 수 있나 봅니다. 제가 묵을 좋아하는 줄을 어떻게 알았는지 어떤 분이 도토리묵과 청포묵 가루를 보내 주었습니다. 냉장고 속에 잘 보관하고 있던 묵 가루를 꺼내어 드디어 묵 요리를 준비하기로 결정을 내렸습니다. 하지만 한국 사람들의 영원한 갈등이 몇 가지 있지요.

자장면이냐, 짬뽕이냐? 비빔냉면이냐, 물냉면이냐? 볶음밥이냐, 잡채밥이냐? 탕수육이냐, 깐풍기냐? 잔치국수냐, 비빔국수냐? 광어회냐, 우럭회냐? 군만두냐, 찐만두냐? 설렁탕이냐, 곰탕이냐? 기타 등등. 저 가엾은 햄릿의 독백인 "사느냐 죽느냐, 그것이 문제로다!"만큼이나 어려운 상황들입니다. 여기에 낄 정도는 아니지만 그래도 저는 잠시 고민을 했습니다. 도토리묵이냐 청포묵이냐, 그것이 문제로다!

고뇌는 짧게 끝나지 않았습니다. 미사까지 시간이 별로 남지 않아서 두 가지를 따로 만들 수 없는 상황이었는데도 결국 저는 두 가지를 동시에 만들기로 결정했습니다. 하지만 묵을 직접 쑤어 본 사람들은 알 것입니다. 묵이 끓어오르기 시작하면 약한 불로 줄여서 쉬지 않고 묵을 저어 주어야만 눌어붙지 않고 맛있는 묵을 만들 수 있다는 것을 말입니다. 와! 양손으로 도토리묵, 청포묵을 저어 주는 신공에 저 스스로가 감탄할 정도였습니다. 사제관 개 삼 년이면 복음을 전한다더니 과연 틀린 말이 아니더군요. 혼자 요리해 먹은 가락에 마치 달인처럼 제 손이 움직여 주었습니다. 그렇게 묵 만들기의 달인이 만든 그 묵 맛 역시 황홀할 지경이었습니다.

특정 분야에 통달하여 남달리 뛰어난 역량을 가진 사람을 일컬어 '달인達人'이라고 부릅니다. 가끔씩 텔레비전에서 일상생활에서의 달인의 모습을 담은 프로그램을 보면 수없이 반복되는 경험을 통해서 과연 입이 쩍 벌어질 만한 뛰어난 역량을 발휘하는 사람들을 만나게 됩니다. 노동에 고귀함과 비천함이 있는 것이 아니라, 얼마나 자신의 일을 사랑하고 정진하여 높은 경지에 다다른 진정한 프로페셔널이라 불릴 것인지, 아니면 영원한 아마추어로 남을 것인지만이 갈릴 뿐입니다.

선교 사제로 부르심을 받은 사람은 선교의 현장에서 기쁜 소식을 전하는 일에 달인이 되기 위해 최선의 노력을 기울여야 합니다. 끊임없이 자신이 살아가고 있는 삶의 현장에 익숙해지기 위해 가끔씩은 뼈를 깎는 고통도, 살을 저미는 아픔도 참아 내며 진정한 프로페셔널이 되어야 합니다. 살면 살수록 어려운 것이 선교사의 삶이지만 그래도 그 사랑의 소명을 잘 받아들여 하루하루 기도하는 마음으로 살다 보면 결국에는 운명이 바뀌게 되는 법입니다.

여러분에게 궁금해집니다. 지금까지 살아오면서 어떤 분야에서 달인의 경지라 일컬을 수 있는 뛰어난 역량을 갖추고 계신가요? 제일 잘하는 것 한 가지만 세상에 나누어 줄 수 있나요? 가장 사랑하는 일 한 가지만 이 세상에 나누어 주길 바랍니다.

## 소중한 것은 쉽게 얻어지지 않는 법

20대 초반, 친구의 애인이 강변 가요제 본선에 진출한 적이 있었습니다. 고등학생 시절에 가장 가까운 친구였던지라 당시 춘천 의암호에서 열린 가요제에 함께 가자는 초대에 기꺼이 응했습니다. 저녁 늦게 의암호에 도착해 보니 이미 텐트를 칠 만한 장소도, 숙박 시설도 아무것도 남아 있지 않았습니다. 어둠이 내릴 때까지 텐트를 칠 만한 장소를 찾아다니다 보니 캠핑장 거의 끝부분 아주 평평한 장소에 딱 텐트 하나 칠 만한 장소가 비어 있었습니다. '역시 하느님은 우리를 버리지 않으시는구나.' 하고 쾌재를 부르면서 텐트를 치고 난 뒤 새벽녘까지 젊음을 노래하다가 잠이 들었습니다.

자면서 내내 수영하는 꿈을 꾸었지요. 그러다가 잠에서 깨어났더니 텐트에 물이 차서 코펠 뚜껑과 종이컵 등이 둥둥 떠다니고 있더군요. 나중에 알고 보니 그곳은 캠핑장 배수로 한가운데였습니다. 억수로 퍼붓는 소나기에 챙겨 간 물건들은 다 포기하고 간신히 텐트만 수습해서 다른 곳을 찾았습니다. 어두컴컴한 곳에 또다시 텐트 하나 칠 만한 잔디밭이 보이더군요. 힘들게 텐트를 치고 다시 들어가서 자려고 하는데 이번에는 어떤 아저씨가 텐트를 열고서 소리쳤습니다.

"젊은 사람들이 호텔 앞 정원에다가 텐트를 치고 자면 어떡해?"

참으로 힘든 날이었습니다. 다행히 친구의 애인이 가요제에서 대상을 받아서 그나마 위로가 되었던 기억이 있습니다.

오늘 비슷한 일이 또 벌어졌습니다. 신학교에서 캄페체 시내에서 사목하는 모든 신부들의 모임이 있었습니다. 정시에 도착했는데도 이미 주차장에는 빈자리가 보이지 않았습니다. 딱 한 군데 커다란 나무 밑 그늘에 빈자리가 있었습니다.

"역시 하느님은 나를 버리지 않으신다니까."

모임이 끝나고 나와서 차를 보는 순간 갑자기 옛날 강변 가요제 텐트 사건이 떠오르더군요. 차량의 철판까지 부식시킨다는 새똥이 한 백 군데는 떨어져 있었습니다.

좋은 것, 소중한 것은 쉽게 얻어지지 않는 법이라지요. 우연히 얻어진 좋은 것은 요행이었거나 요령을 피운 결과일 것입니다. 요행은 인생에서 자주 오지 않고, 요령을 피우면 저처럼 새벽에 물벼락을 맞거나 새똥 세례를 받습니다. 모든 일은 천천히, 그리고 꾸준히 준비하면서 상황을 잘 파악한 뒤 이성적으로 풀어 가는 것이 좋습니다. 힘들게 오르면 노래 부르면서 내려가는 길을 즐길 수 있습니다만, 노래 부르면서 내려가는 길만 찾다가는 언젠가 나머지 오르막길을 죽을 때까지 올라야 할지도 모릅니다.

소중한 것이 쉽게 얻어지지 않듯 마찬가지로 소중한 사람도 쉽게 얻어지지 않습니다. 좋은 사람을 만나면 역시 천천히, 그러나 꾸준하게 기도하는 마음으로 조심히 그 사람에게 다가서야 합니다. 서두르면 더 멀어지는 것이 좋은 사람과의 간격입니다. 무리하게 간격을 좁히려 하지 말고 오히려 그 간격을 유지하기 위해 절제하며 함께 존재하는 것으로 만족해야 합니다. 사람을 만나는 데는 요행도 없고, 요령도 통하지 않습니다. 오로지 진실하고, 선하고, 아름다운 마음만이 통하는 법입니다.

## 인생의 목적

　오늘은 캄페체 시내에서 동남쪽을 향해 한 시간 정도 떨어진 '알프레도 본필'이라는 본당에서 수요일에 지구 사제 모임이 있었습니다. 막 출발하려고 길을 나서려는데 폴란드 출신 야곱 신부한테서 전화가 걸려왔습니다. 함께 가자는 전화였습니다. 폴란드에서 서품을 받자마자 이곳 캄페체로 발령을 받아 온 야곱 신부는 천진난만하게 생긴 얼굴만큼 실제로 착한 심성을 가지고 살아가는 젊은 신부입니다. 아직 여기 길을 잘 모르는 야곱 신부와 그렇게 우연히 동행하게 되었습니다.
　차를 운전하면서 보니 길옆으로 유카탄 반도의 열대 정글이 끝도 없이 푸르게 펼쳐져 파란 하늘, 그리고 그 위에 떠 있는 하얀 구름과 조화를 이루는 것이 일품이었습니다. 지나가는 차도 없이 한적한 시골 길을 천천히 달리면서 야곱 신부와 함께 세계 평화와 모든 선교사를 위해 묵주 기도를 바쳤습니다. 영광의 신비를 한 단, 또 한 단 바치는 동안 저는 모든 잡념이 사라지고 제 영혼이 깨끗하게 정화되는 느낌을 받았습니다. 회색빛 도시에서 길을 걸을 때는 느끼기 힘든 자연과의 일체감에서 오는 안정감과 포근함이었습니다. 야곱 신부와 저는 서로 고해성사를 주고받으면서 하느님과의 일체감도 회복할 수 있었습니다.

그러다가 갑자기 지구 사제 모임에 참석하지 않고 본당 저녁 미사 전까지 돌아올 수 있는 거리만큼 멀리 떠나고 싶어졌습니다. 아마도 야곱 신부와 동행하지 않았더라면 틀림없이 실행에 옮기고야 말았을 것입니다. 동행자가 있는 여행은 그 목적을 이루고 돌아오는 데는 좋지만 자유를 느끼며 떠돌기에는 불편합니다. 그래서 목적을 이루는 것이 중요한 여행이라면 동행을 초대하는 편이 좋고 자유를 느끼는 것이 중요한 여행이라면 혼자 떠나는 편이 좋습니다.

우리 인생은 목적이 있는 여행일까요? 만약 그렇다면 우리 인생의 목적은 무엇일까요? 이 질문에 고대 그리스의 철인 아리스토텔레스는 행복이라고 간단하게 답변했습니다. 저는 실존적 차원에서는 만족을 추구하는 '행복'을, 더불어 관계적 차원에서는 풍요로움을 위한 '감사'를 제 인생의 목표로 삼습니다. 제 개인의 행복을 추구하면서 다른 이들의 고통에 눈감아 버리거나, 또는 타인에게 피해가 갈 수 있는 것을 방지하기 위해서는 저의 행복을 위해 많은 분들이 제 곁에서 희생과 봉사로 동행해 주신다는 것을 잊어서는 안 되겠기에 그분들에 대한 '감사'를 제 인생의 또 다른 목표로 심어 놓은 것입니다.

제 인생의 첫 번째 목적인 '행복'이 저로 하여금 언제나 길을 떠나서 홀로 서 있는 삶으로 초대해 주고 있다면, 두 번째 목적인 '감사'는 저로 하여금 언제나 은혜를 갚아야 하는 사람들이 살고 있는 마을로 돌아오게 해 줍니다. 저는 이 두 가지 인생의 목적이 잘 조화를 이루게 하여 언제든지 떠날 수도 있고, 또 언제든지 돌아올 수도 있는 삶을 살아가고 싶습니다.

오늘처럼 자연 속으로 뻗어 있는 길에 나설 때마다 그 길 끝까지 떠나고 싶은 충동에 사로잡히게 됩니다. 사실 처음 출가를 결심했을 때도 그렇게 집을 나서서 영원히 길 위를 떠도는 삶을 상상하고 있었습니다. 그렇게 길에 나섰는데 막상 떠나와 보니 다른 이름을 가진 집 안에 갇혀 살고 있다는 느낌을 받을 때가 종종 있습니다. 그럴 때면 저는 그 집을 나서서 새로운 길 위에 섭니다. 대자연 속에서 하느님 대전에 홀로 서 있다는 실존의 느낌이 필요하기 때문입니다. 홀로 있다는 느낌이 충분하다고 생각되면 다시 집으로 돌아옵니다. 감사하는 마음으로 다른 사람들과 함께 관계적 차원에서 행복한 삶을 살아가기 위해서지요. 이렇게 떠났다가 돌아오고, 돌아왔다가 다시 떠나는 길 위의 인생을 살아갑니다.

# 신앙과 공존할 수 없는 것

　부엌에 있는 냉장고와 가스 오븐 밑에 생쥐들이 가족을 이루어 살고 있다는 것은 이미 알고 있었습니다. 하지만 구석에 세워 둔 닭사료만 탐낼 뿐 이렇다 할 불편 사항이 없었기에 며칠 그대로 방치하며 지냈습니다. 그런데 생쥐들이 병자 방문과 극빈 가정 방문 나갈 때 챙겨 가는 생필품 봉투들을 쏠아서 쌀을 훔쳐 먹고 그 속에 엄청난 양의 배설물까지 남겨 놓고 간 것을 보고는 도저히 참을 수가 없었습니다. 당장 시장에 가서 쥐 끈끈이를 사다가 쥐들이 다니는 길 요소요소에 설치해 두었습니다.

　하룻밤 사이에 두 군데의 끈끈이에 손가락을 두 개 합친 것만한 생쥐들이 일곱 마리나 잡혀 있었습니다. 만족한 마음에 쥐끈끈이를 바로 치우지 않고 신학교 강의를 다녀왔습니다. 와서 보니 호기심을 참지 못하고 냉장고 뒤의 좁은 틈을 비집고 들어간 강아지 필로토가 그 끈끈이를 발에 붙여서 돌아다니고 있더군요. 웃지도 울지도 못할 상황이었습니다. 어쨌든 일차 생쥐 퇴출 작전은 성공리에 끝났습니다. 아무리 동물 사랑, 동물 사랑 노래를 불러도 쥐들과 공존하기는 어려운 일인 것 같습니다.

그리고 보면 신앙생활에도 공존할 수 없는 것이 있는 듯합니다. 사람에 따라 여러 가지 다양한 생각을 가질 수는 있겠지만, 저는 신앙과 공존할 수 없는 것 가운데 가장 첫째를 욕심이라고 생각합니다. '어떠한 것을 정도에 지나치게 탐하거나 누리고자 하는 마음'으로는 도저히 주님의 가르침을 따를 수가 없습니다. 참다운 그리스도인이 되기 위해서는 마음을 비워야 하니까요. 무엇을 채우려고 하기 전에 무엇인가 불필요한 것들을 비우는 일을 해야 신앙생활을 할 수 있습니다.

그릇은 그릇이 가지고 있는 빈 공간 때문에 사용합니다. 그릇의 존재의 목적이 바로 빈 공간을 가지는 것이지요. 집도 빈 공간이 있기 때문에 살 수 있습니다. 만약 집이 온통 가구로 꽉 채워져 있다면 생활을 하고 휴식을 취할 수 없을 테니까요.

따라서 빈 공간은 가능성과 기능성을 뜻합니다.

저는 하느님께서 당신 사랑을 채우고자 만드신 그릇입니다. 저는 주님께서 거하시는 집이요, 신전입니다. 제 마음이라는 그릇이, 제 몸이라는 집이 이미 세상의 것들에 대한 탐욕으로 가득 차 있다면 하느님의 사랑이 채워질 가능성은, 주님이 함께 거하실 가능성은 없는 것이죠. 그러한 가능성이 없다면 그리스도인으로서 기능도 할 수 없게 되겠죠. 그래서 저는 신앙과 욕심은 결코 공존하지 못한다고 생각합니다.

# 씨베르 축복식

아침에는 주로 조용한 발라드 음악이나 클래식을 틀어 놓고 샤워를 하러 들어가는데 한 주간을 새로 시작하는 오늘은 왠지 젊은이들이 좋아하는 힙합 스타일 음악을 듣고 싶었습니다. 거의 열어 본 적이 없는 힙합 폴더를 열어 재생을 누르고 샤워를 하고 있었는데 누군가가 제 방문을 두드렸습니다. 월요일마다 제 사제관을 방문하는 후배 신부나 혹은 신학생 중 하나가 좀 빨리 와서 노크를 하겠거니 생각하고 샤워 수건으로 대충 가린 채 부스에서 나와서 문을 열고 고개를 내밀었습니다. 문 앞에는 아무도 없었습니다.

멋쩍은 상태로 다시 부스에 들어가 샤워를 하려고 하는데 또다시 문을 두드리는 소리가 들렸습니다. 틀림없이 누군가가

장난을 치는 줄 알고 이번에는 슬금슬금 걸어 나가서 갑자기 문을 확 열어 젖혔습니다. 이번에도 아무도 없었습니다. 그때 스피커에서는 B2K라는 힙합 그룹의 'Bump Bump Bump'이라는 비트가 강한 음악이 흘러나오고 있었습니다. 그러고 보니 힙합 음악에서 들려오는 '쿵쿵'거리는 비트를 누군가 밖에서 문을 두드리는 소리로 착각한 것이죠. 이런 정도니 제가 힙합에 얼마나 문외한인지를 아시겠지요?

조금 뒤에는 사무실에서 이사벨 할머니가 당신 아들이 새로 개업한 '씨베르'의 축복을 부탁했다고 알려왔습니다. 사무원에게 '씨베르'가 뭐냐고 물었더니 자기도 모르겠다고 했습니다. 씨베르? 욕 같아서 듣기가 좀 민망한 이름의 이 장소는 도대체 무엇을 하는 곳일까요? 할머니가 남겨 놓은 주소를 들고 찾아가 보니 'CIBER WIKI'라는 현수막이 걸려 있었는데 건물의 자투리 공간에 컴퓨터 세 대를 놓고 영업을 하는 '피시방'이었습니다. 영어의 '사이버Cyber'가 'y'에서 'i'로 바뀐 채 '씨베르'로 변하여 고생하고 있었습니다. 이곳 젊은이들 사이에서는 한국에서 '피시방'이라고 불리는 사이버 공간이 '씨베르'로 불린다는 것을 오늘 처음 알았습니다. 뭐 아무려면 어떻습니까? 제가 한국 천주교 역사상 처음으로 '씨베르' 축복을 한 신부로 기록될 수 있으면 좋겠습니다.

제가 좀 덜 떨어져서 그런지 제 주변에서는 온갖 재미있는 일들이 자주 일어납니다. 가끔씩은 황당한 경우가 발생하기도 하지만 그래도 혼자서, 혹은 몇몇 사건의 당사자들과 함께 멋쩍은 웃음을 짓고 나면 재미있습니다. 가만히 주변을 둘러보면 자신의 약점이나 부족한 점을 스스럼없이 편하게 드러내고 사는 사람들을 간혹 만날 수 있습니다. 감추려 하지 않고 자연스럽게 드러내 놓고 살아가니 그들의 삶은 복잡할 것도 무거울 것도 없이 편합니다.

세상에 완전한 사람이 어디 있겠습니까? 절대와 완전이라는 하느님의 영역에 발을 디딜 수 있는 사람이 누구겠습니까? 누구나 부족한 점, 약한 면모를 안고 살아갑니다. 자신의 부족한 점, 약한 면모를 스스로가 건강하게 인식하고 수용한다면 살아가면서 드러나는 그러한 점들을 삶의 자연스러운 한 부분으로 받아들일 수 있을 것입니다. 그런 것이 겸손한 삶 아니겠습니까? 마치 질소만 가득 차 있어서 실제로 열어 보면 내용물이 반에도 미치지 못하는 과자 봉지처럼 자신을 외부에 과대 포장하며 살아가다 보면 삶이 부자연스럽고 불편한 것이 당연합니다.

오늘은 제 자신의 부족한 점, 감추고 싶은 점들을 잘 살펴보는 하루였습니다. 제 자신을 가만히 들여다보니 그동안 과대 포장한 상태로 살아오느라 자연스럽지 못한 부분이 참 많았네요. 그동안 가지지 못했는데도 가진 척하느라, 알지 못했는데도 아는 척하느라 참 수고가 많았지요.

"너희는 말할 때에 '예.' 할 것은 '예.' 하고, '아니요.' 할 것은 '아니요.'라고만 하여라. 그 이상의 것은 악에서 나오는 것이다."(마태 5,37)라고 하신 주님 말씀대로 단순하고 정직하게 살아가는 것이 제 소원입니다. 그렇게 자연스럽고 편안하게 삶을 살아가도록 도와주세요, 주님. 아멘!

## 예수님은 메시아가 아니었다

'예수님은 메시아가 아니었습니다.' 그리스도교 신자라면 누구나 이 말을 듣고 깜짝 놀랄 것입니다. 이 말의 뜻을 잘 이해하려면 유다인의 메시아 사상에 대해 조금 공부할 필요가 있습니다. '메시아Messiah'라는 말은 히브리어로 '기름부음받은 이'라는 뜻의 '모쉬아크מָשִׁיחַ'에서 유래했습니다. 그런데 이 모쉬아크라는 개념은 유다교의 최고 율법서인 토라(모세 오경)에는 나오지 않고 예언서에서 비로소 언급되기 시작합니다. 유다인들은 이집트와 바빌론에서 기나긴 유배 생활을 했고, 예수님 시대에 이르러서는 급기야 로마 제국의 식민지 지배를 겪어야 했기에, 예언서에 언급되어 있는 모쉬아크의 출현을 열망했습니다.

구약의 예언자들에 따르면 모쉬아크, 즉 이스라엘의 구원을 위해 장차 오실 메시아는 유다 백성의 구원과 이스라엘의 안전을 책임지는 위대한 정치 지도자(예레 23,5; 이사 11,11-12 참조), 정의로운 재판관(이사 11,3-5 참조), 전쟁을 일으켜 주변국들을 정복해서 부를 가져다주는 군대의 지휘자(이사 11,14-16 참조), 예루살렘을 회복시켜 번제물과 희생 제물을 바치는 종교 지도자(예레 33,16-18 참조)여야 합니다. 그러나 모쉬아크의 조건으로 무엇보다도 중요한 게 있습니다. 앞에 언급된 모든 것을 이루기 전에는 절대 죽지 않아야 한다는 것입니다.

자! 우리가 신약 성경에서 만날 수 있는 예수님의 모습 중에 구약의 예언자들이 묘사한 모쉬아크에 대한 환상과 단 하나라도 일치하는 것이 있나요? 없습니다. 그래서 이 글의 첫머리에 제가 말씀드렸습니다. 예수님은 메시아가 아니었다고 말입니다. 좀 더 정확히 표현하자면 예수님은 유다인들이 고대하던 '그런' 메시아가 아니었습니다. 앞서 설명드린 배경을 마음에 담고 복음을 읽으면 예수님의 말씀이 좀 더 쉽게 이해됩니다.

"너희는 나를 누구라고 하느냐?" 이 질문에 베드로 사도가 "스승님은 그리스도이십니다."라고 대답합니다. 여기서 그리스도는 그리스어 '크리스토스Χριστός'인데 이 단어가 바로 히브리어 '모쉬아크'의 그리스어 번역입니다. 베드로 사도는 당연히 당시 유다인들이 지닌 메시아에 대한 환상을 가지고 대답합니다. 그러자 예수님께서는 제자들에게 당신에 관하여 아무에게도 말하지 말라고 엄중히 이르십니다(마르 8,30 참조). 예수님은 그런 메시아가 아니었으니까요. 그러시고는 유다인들만의 구원이 아니라 온 세상 만백성의 보편적 구원을 이루기 위하여 당신께서 걸어가야 할 십자가의 고난과 죽음과 부활의 운명에 대해서 '명백히' 밝히십니다(마르 8,31 참조).

메시아에 대한 환상에 푹 젖어 있던 베드로 사도에게 이런 가르침이 들어오기나 했겠습니까? 베드로 사도가 어째서 예수님을 꼭 붙들고 반박했는지 그의 입장을 이제 우리는 충분히 이해할 수 있습니다. 그러자 예수님께서는 "사탄아, 내게서 물러가라."(마르 8,33)라고 강한 어조로 베드로 사도를 혼내십니다. 사람들이 만든 '모쉬아크'에 대한 그릇된 환상만 생각하고 당신을 파견하신 하느님의 일은 생각하지 않는다며 나무라신 것이지요. 그러고는 제자들과 그곳에 모인 군중들도 함께 초대하여 장엄하게 선포하십니다. "누구든지 내 뒤를 따르려면 자신을 버리고 제 십자가를 지고 나를 따라야 한다."(마르 8,34)

유다인들은 자신을 버리고 십자가를 지라는 희생의 가르

침, 세상과 인류를 구원하기 위해 목숨을 바치는 자신을 따르라는 예수님의 가르침을 결코 받아들일 수가 없었습니다. 그래서 그들은 아직까지도 자신들만을 구원해 줄 모쉬아크를 기다리며 살아가고 있습니다. 우리는 유다인은 아니지만 그들과 마찬가지로 메시아에 대한 어떤 환상을 안고 살아가는지도 모릅니다. 예수님의 보편적 구원 사명을 머리로는 잘 알면서도 기도할 때 지향이 언제나 나와 내 가정과 내 교회에 갇혀 버리지요. 이는 예수님을 나와 내 가정과 내 교회만 구원하는 나만의 '모쉬아크'로 전락하게 하는 행위입니다.

예수님은 당신만을 구원하기 위해 오신 그런 메시아가 아닙니다. 예수님은 그리스도교인들만 구원하러 오신 그런 메시아가 아닙니다. 예수님을 자신의 이기적이고 편협한 신앙의 테두리 안에 가두려 하지 마십시오. 사랑과 구원에 대한 예수님의 보편적 사명과 가르침을 따라 온 세상이 구원되기를 희망하는 기도를, 가장 가난한 이들의 걱정과 아픔과 슬픔을 위로하는 기도를 바치십시오. 그리고 그러한 당신의 믿음을 실천으로 보여 주십시오(야고 2,17 참조). 그래야만 예수님을 비로소 진정한 하느님 백성의 메시아, 온 세상을 구원하는 참그리스도로서 생생하게 만날 수 있습니다.

## 영원이 당신 안으로 들어갈 때

　어제저녁 미사를 마치고 성당 주변을 천천히 걷다가 문득 고개를 들어 하늘을 올려다보았습니다. 이미 지상에서는 다 저문 태양이 보이지 않았는데도 아직 하늘 위에서는 태양을 볼 수 있었나 봅니다. 하늘 위로 펼쳐진 먹구름이 햇빛을 받아서 한껏 신비로운 자태를 뽐내며 땅 위를 걷고 있는 사람들에게 손을 내밀고 있었습니다. 저는 아름다운 자연의 모습에 반해 한동안 꼼짝도 하지 못하고 그저 바라보고만 있었습니다.

　오늘 아침에는 여명이 서서히 밝아 올 무렵에 성당 근처에 서 있는 어부의 동상에 눈길이 머물렀습니다. 풍어를 희망하며 그물을 어깨에 걸쳐 메고 바다를 향해 걸어가는 건강한 어부의 등 근육이 마치 살아 있는 듯 실룩거리는 것처럼 보였습니다. 아직 꺼지지 않은 새벽 가로등에서 새어 나오는 빨간 빛깔이 주변의 다른 새벽 빛깔들과 잘 어우러져 '아!' 하는 환성이 절로 터져 나왔습니다.

이제는 우기가 시작되어서 오후 4시에서 6시 사이에는 꼭 열대성 스콜이 후끈 달아오른 지면을 식히고 지나갑니다. 그래서 글을 쓰는 지금도 빗소리를 즐기고 있지요. 제 주변은 온통 잿빛으로 변해 있습니다. 잿빛 세상에 울려 퍼지는 빗소리를 이렇게 글로 써서 다른 사람들에게 나눌 수 있다는 것은 참으로 행복한 일입니다. 빗소리가 들리시나요? 잿빛 세상의 아름다움이 보이시나요?

대자연이 아름다운 풍경을 통해 우리에게 이야기를 걸어오는 순간들이 있습니다. 그리고 가끔 우리는 대자연에 동화되어 살아가는 성실한 이웃들의 건강한 삶을 접하게 되지요. 하루에도 몇 번씩 탄성이 절로 터져 나오는 아름다운 자연의 모습, 아름다운 인간의 삶을 대할 때마다 저는 심장의 두근거림이 빨라짐을 느낍니다. 그리고 '지금 여기'에 제가 살아 있다는 것을 자각합니다. 평상시에는 심장이 뛰고 있는지 어떤지 자각하지도 못하고, 또 거기에 관심을 두지도 못하며 살다가도 숨이 멎을 듯이 환상적인 장면 앞에 서게 되면 갑자기 고맙다는 생각이 듭니다.

　하느님께 고맙고, 대자연에게 고맙고, 건강하고 성실한 삶을 살아가는 이웃들에게 고맙고, 어디로 가는 건지 알 수 없는 한 줄기 싱그러운 바람에게 고맙고, 저절로 고개를 숙이게 하는 조그만 들꽃 한 송이에게 고맙고, 어딘가로 열심히 가고 있는 강아지 한 마리에게 고맙고, 커피 한 잔에 고맙고, 모차르트에게 고맙고, 고맙고, 고맙고, 또 고맙습니다.

　불필요한 것에 너무 신경을 많이 쓰고 살면 머리만 아파 옵니다. 자신의 삶에 집중한다는 것은, '지금 여기'라는 시공간에 집중하며 살아간다는 것은, 자신의 일상에서 펼쳐지고 있는 삶의 편린에 내 마음을 비춰 보는 일입니다. 내 마음에 그 편린들을 담아서 감동하기도 하고, 슬퍼하기도 하고, 기뻐서 환호성을 지르기도 하면서 내면의 세계로 조금 더 깊이 들어가는 일입니다.

　무엇이든 때가 되면 떠나야 합니다. 저도 그렇고, 여러분도 그렇고, 세상의 모든 것이 그렇습니다. 하지만 상관하지 마세요. 신경 쓰지 마세요. '지금 여기'에서 아름다운 것들에 잘 반응하고 있는 우리의 마음이 제일 중요하니까요. 아름다움에 반하여 '아!' 하는 짧은 탄성과 함께 우리의 마음이 잠시 멈추는 그 순간, 바로 그 순간 빛도 시간도 세상도 모두 멈추어 섭니다. 그 순간을 영원히 간직하고 싶습니다. 그 순간에 영원이 제 안으로 들어옵니다. 그리고 제가 영원 속으로 들어갑니다.

## 행위의 근원과 목적

대림 시기 동안에 이곳 멕시코 사람들은 '포사다'라는 행사를 떠들썩하게 벌입니다. '포사다'는 여관, 여인숙을 뜻하는 스페인어 단어인데, 호적 등록을 위해 예루살렘에 올라간 성가정이 묵을 곳을 찾아 돌아다녔지만 결국 마구간에서 출산하게 되는 과정을 재현하는 놀이입니다. 포사다를 할 때는 대부분 '피냐타'라고 부르는 뿔 달린 보따리를 터뜨리는 순서가 들어 있습니다. 멕시코와 관련된 영화나 텔레비전 프로그램에서도 가끔 볼 수 있는데, 노래를 부르는 동안 어린아이들이 눈을 가린 채 몽둥이로 보따리를 가격하여 터뜨리면 과자나 초콜릿이 쏟아지고 아이들이 그것을 쓸어 담아 가는 놀이입니다.

지금은 완전히 재미를 더하기 위한 놀이로 전락해 버리고 말았지만 원래 피냐타는 가톨릭교회의 가르침을 담고 있는 놀이입니다. 피냐타에 있는 일곱 개의 뿔은 교회의 가르침인 일곱 가지 죄의 근원, 곧 일곱 죄종을 가리킵니다. 그러니까 피냐타는 아기 예수님을 맞이하기 전에 우리 마음속에 있는 죄의 일곱 가지 근원을 끊어 버리고 깨끗하고 순수한 마음으로 주님을 맞이하면 사탕과 초콜릿 같은 은총이 하늘에서 쏟아질 것이라는 교리 교육적인 내용이 담긴 놀이지요.

하지만 놀이의 목적과 근원을 완전히 망각한 오늘날에는 피냐타를 만들어 파는 사람에 따라 뿔이 네 개도 되고 다섯 개도 되고, 완전히 엿장수 마음대로입니다. 성당에서조차 놀이의 목적과 근원에 대한 설명이 없이 연말이 되면 하는 놀이 정도로밖에 이야기하지 않습니다. 그러다 보니 놀이에 참여한 아이들이 사탕을 더 많이 차지하기 위해 울고 싸우기까지 합니다. 죄와 허물을 씻고 깨끗한 마음으로 아기 예수님의 탄생을 맞이하자는 가르침은 온데간데없이 사라지고 오히려 더 큰 욕심과 죄에 빠뜨릴 위험이 있는 놀이밖에는 되지 못하는 현실이 안타깝습니다.

이처럼 한 해를 마무리하는 시점에서 자신이 하고 있는 모든 행위의 근원과 목적을 다시 한 번 주의 깊게 살펴볼 필요가 있습니다. 누구나 살아가다 보면 '나는 누구인가?'라는 존재론적인 질문을 던지고 그에 대한 해답을 얻기 위해 고민할 때가 있지요. 바로 그때 우리가 하는 행위가 스스로의 존재에 대한 질문에 해답을 줄 수 있습니다. 사람은 태어나서 죽는 순간까지 끊임없이 이성과 사고의 외적인 표현인 행위를 통해 스스로를 표면화하기 때문입니다. 따라서 지금 내가 하고 있는 행위의 근원과 목적을 성찰하는 일은 곧 내가 세상을 향해 표현하고 있는 내 존재의 방식을 성찰하는 일이 될 수 있습니다.

세상이 온통 물질의 지배를 받는 듯 보일지라도, 인간 정신은 언제나 이 세상을 압도하는 초자연적 힘을 향하고 있습니다. 그렇기에 우리와 이 세상을 실제로 이끌어 갑니다. 지금 내가 의미를 두고 하는 행위들은 어떤 정신적 · 영성적 근원을 통해 비롯된 것인가요? 또 어떤 정신적 · 영성적 목적을 향해 움직이고 있나요? 이를 깊이 있게 살펴보는것이 필요한 때입니다. 한 해를 보내며 나의 삶이 근원도 목적도 알 수 없는 외적 행위만 마구 엉켜서 어지럽지는 않은지 찬찬히 성찰하고 싶습니다.

## 바람 속에서도 풀은 다시 일어나고

　수요일 지구 사제 모임이 있는 날입니다. 모임 장소에 가 보니 역시 제시간에 도착한 사람은 두 명이었습니다. 마르셀리노 신부님과 저는 커피를 한 잔 마시면서 다른 신부들이 오기를 기다리고 있었습니다. 갑자기 마르셀리노 신부님이 불쑥 질문을 던졌습니다.

　"파드레 에스테반! 최근에 총리를 처형했다는 데가 코레아 델 수르야, 아니면 노르테야?"

　아마도 멕시코 언론에서 북한의 김정은이 최영건 내각 부총리를 처형한 것으로 보인다는 뉴스를 다뤘던 모양입니다.

　"코레아 델 노르테지요."

　그랬더니 다시 이렇게 물었습니다.

"어떻게 한 나라의 총리가 정책에 반대했다는 이유로 총살을 당할 수 있어?"

이곳 멕시코에서 다루는 한국 관련 뉴스들은 대부분 적대적인 남북한 관계나 북한에 관한 내용입니다. 신부들 몇몇이 더 도착했지만 저는 21세기 북한에서 벌어지는 삼 대에 걸친 세습 정치와 그것을 마무리하기 위해 벌어지는 김정은의 공포 정치의 살벌한 상황에 대해 설명해 주었습니다. '공포 정치 La Terreur'라는 말은 1793년 프랑스 혁명기에 자코뱅파가 주도하여 고문, 투옥, 처형 등의 폭력적 수단으로 반대파를 숙청하는 과정에서 생겼습니다. 그러다 결국 시민의 지지를 받지 못하고 겨우 일 년 정도 유지되다가 무너진 실패한 실험입니다.

혁명기 이후에도 '국가 지상주의國家至上主義'는 다양한 모습으로 출현하면서 인간의 자유와 권리를 무참히 짓밟아 왔습니다. 두 차례에 걸친 세계 대전을 통해 순수하고 젊은 영혼들이 이루 헤아릴 수 없을 만큼 많이 목숨을 잃었습니다. 그 경험을 바탕으로 인류는 이미 1948년 12월 10일에 세계 인권 선언을 공포했습니다. 세계 인권 선언 1조는 이렇게 시작합니다. "모든 사람들은 태어날 때부터 자유롭고, 존엄하고, 평등하다." 세계가 동의한 이런 인권 선언을 앞에 두고도 18세기 어지러운 혁명기에나 벌어질 수 있었던 일들이 오늘날에도 계속해서 벌어지고 있습니다. 이는 믿어지지 않지만 마음 아픈 현실입니다.

하지만 인류는 그동안의 슬프고 고통스러운 역사를 통해 한 가지를 배웠습니다. 아무리 힘센 독재자가 나타나서 철권통치로 시민의 자유와 권리를 억누르더라도 시민들은 반드시 승리한다는 것입니다.

"초상지풍초필언草上之風草必偃 수지풍중초부립誰知風中草復立"
시경時經에 나오는 민중의 노래입니다. "풀 위로 바람이 불면 풀은 반드시 눕는다. 하지만 누가 아는가! 바람 속에서도 풀은 다시 일어나고 있다는 것을!" 그렇습니다. 공포와 철권이 시민들을 한순간 눕힐 수는 있습니다. 하지만 다수의 시민들은 언제나 승리합니다.

계속해서 북한의 인권 상황에 대해서 묻는 동료 신부들에게 시경의 노래를 이야기해 주고 돌아왔습니다. 밭으로 변한 정원에 가 보니 애호박 씨앗을 심어 둔 지 닷새 만에 드디어 싹이 올라왔습니다. 그 닷새 동안 거센 폭풍이 몰아치고 폭우가 쏟아지는 나날이 이어졌습니다. 그렇게 비바람을 맞는 과정에서 단단하게 굳은 땅이 씨앗을 누르고 있었겠지만 그렇다고 새싹의 생명력을 저지할 수는 없었습니다. 가만히 땅에 고개를 숙여 살펴보니 떡잎이 넓은 호박 씨앗이 단단한 땅을 뚫고 나오는 과정에서 땅이 들어 올려져 있었습니다. 씨앗은 그렇게 땅을 뒤엎을 수 있는 강한 생명력으로 태양을 향해 꾸준히 조금씩 올라온 것입니다.

   저는 오늘 '세계 인권 선언문'의 30개 조항을 다시 한 번 정성 들여 읽고 있습니다. 그리고 간간이 모든 사람들의 자유와 존엄과 평등을 위해, 특별히 북한의 형제들의 인권을 위해 기도하고 있습니다. 이를 모두가 함께했으면 하는 바람입니다. 고맙습니다.

## 바람에 날린 꽃씨 하나처럼

바람에 날린 꽃씨 하나가 거기에 떨어진 것이겠지요. 어느 날 산책을 하다가, 좁디좁은 콘크리트 벽 사이에서 자라나 마침내 활짝 웃는 얼굴로 피어 있는 꽃 한 송이를 보았습니다. 어떻게 그 좁은 틈 사이에 꽃씨가 떨어졌으며, 또 거기서 어떻게 이토록 질긴 생명력으로 꽃을 피워 낼 수 있었을까요. 신기하고 신비로운 일이었습니다. 온갖 어려움을 이겨 내고 소박한 아름다움으로 피어 있는 꽃을 한동안 바라보면서 쓰다듬어 주었습니다. 아무도 거들떠보지 않던 꽃이 제게 의미가 되어 하나를 이루는 순간이었습니다. 나는 바람에 날린 꽃씨처럼 자유롭게 날아오르기 시작했습니다.

미사를 거행하고 나서 향을 피우기 위해 다 타오르고 찌꺼

기만 남은 숯을 한동안 바라보았습니다. 지금은 쓸모없이 식어 버린 숯에 불과하지만 바로 조금 전까지만 해도 향가루가 뿌려지면 제 한 몸을 불살라 타올랐던 적이 있었습니다. 차디찬 숯을 만지며 '다른 이들을 위해 타오르던 네가 참 부럽구나!' 하고 인사를 건네는 순간 식어 버린 숯의 의미가 내 마음속에서 다시 살아나기 시작했습니다. 나는 활활 타오르는 불꽃이 되었습니다.

우리 모두는 바람에 날린 꽃씨 하나처럼 그렇게 바람을 타고 이 세상에 왔습니다. 햇빛을 받으며, 바람에 날리며, 비를 맞으며 오늘 이렇게 아름다운 꽃을 피우기까지 참 열심히 살아왔습니다. 나는 여기에 이렇게 피어 있고 당신은 거기서 그렇게 피어 있습니다. 꽃은 피어 있는 그 자체로, 우리는 존재하는 그 자체로 존재의 의미를 가지고 있습니다. '저만치 혼자서' 꽃처럼 피어 있는 당신에게 다가가 '네가 여기에 피어 있어서 고마워!'라는 감탄과 찬사를 보내는 순간 우리는 그렇게 동행을 시작합니다.

우리는 세상을 향해 타오르는 불꽃입니다. 타인에게 빛을 주기 위하여, 타인의 소원을 빌어 주기 위하여 우리는 향로 속의 숯불처럼 타오르던 불꽃이었습니다. 행여 지금은 이미 식어 버린 차가운 존재일지라도 한때 나는 당신을 위하여, 당신은 나를 위하여 타오르던 불꽃이었습니다. 우리는 서로를 위해 감사와 희생의 제사를 바치며 오늘까지 이 길을 함께 걸어왔습니다. 저의 길을 환히 밝혀 주던 당신처럼 나도 그렇게 당신을 위한 불꽃이 되어 활활 타오르렵니다.

나는 당신이 무엇을 소유하고 있는지, 얼마나 소유하고 있는지에 전혀 관심이 없습니다. 거기서 그렇게 홀로 피어 있는 당신의 존재 자체로 이미 충분한 의미이기 때문입니다. 많이 가져야만 제게 더 많이 줄 수 있을 거라 생각하지 마세요. 당신의 진실하고, 선하고, 아름다운 존재 자체에 저는 찬미와 감사를 드립니다. 제가 무엇을 가졌는지, 얼마나 가졌는지에 대해서도 관심을 갖지 말아 주세요. 여기서 이렇게 홀로 피어 있는 저의 존재 자체를 있는 그대로 인정하고 받아들여 주세요. 그렇게 서로가 서로를 있는 그대로 인정하고 받아들이는 순간 비로소 우리는 함께 길을 떠날 수 있습니다.

하느님은 이렇게 소박하고 평범한 일상 안에서 당신의 현존을 우리에게 드러내 보이십니다. 이 시대를 살아가는 우리는 가시적이고 외적인 차원의 강한 자극과 화려한 현상에 점점 더 깊이 빠져들 때가 많습니다. 그러나 주님은 우리가 내적이고 영적인 차원의 존재와 그 차원을 체험하는 데에서는 멀어지고 있음을 우려하십니다.

그러니 바람에 날린 꽃씨 하나처럼 자유롭게, 활활 타오르는 불꽃처럼 뜨겁게, 진짜 얼굴로, 본래의 모습대로 살도록 그렇게 노력해야 하겠습니다.

## 만물유전

"아침 미사에 나오시면서 성 프란치스코 강을 보셨습니까?"

"예!"

"오늘 아침에도 여전히 같은 자리에서 같은 방향으로 흐르고 있었습니까?"

"예!"

"아무런 변화도 없었습니까?"

"예!"

"이전과 다를 바가 없는 똑같은 강이라고 해도 됩니까?"

"예!"

"그렇다면 똑같은 강물에 두 번 발을 담글 수 있습니까?"

"……"

'우리는 같은 강물에 두 번 발을 담글 수 없다.'는 '헤라클레이토스Herakleitos'의 유명한 철학적 격언을 인용하며 오늘 강론을 시작했습니다. 끊임없이 흐르는 강물에 두 번째로 발을 담글 때는 그 물이 이미 상류에서 흘러온 새로운 강물로 바뀔 수밖에 없고, 게다가 두 번째로 발을 담그는 우리 존재 역시 변한다는 뜻입니다. 헤라클레이토스는 '만물이 끝없이 흐르고 변화한다.'는 '만물유전萬物流轉'을 말하며 세상이 겉으로 보이는 대로 존재하지 않는다는 것을 설명하고자 했습니다.

강을 강이라고 부르는 이유는 더 낮은 곳을 향해 끝없이 흘러가는 물이 있기 때문입니다. 강을 이루는 본질적 요소는 강의 위치와 흐르는 방향이 아니라 강물입니다. 하지만 우리는 강이 여전히 그곳에서 흐르고 있다는 외적 현상만 인식하고서 똑같은 강이 흐르고 있다고 말합니다. 강의 본질적 요소인 강물이 한순간도 같을 수 없다는 사실은 지나쳐 버리기 십상입니다. 본질적 요소의 변화, 내면의 변화에는 거의 눈먼 사람과 다름없는 것이 우리 인식의 한계입니다.

사람들 사이에서도 외적인 변화만이 화제가 됩니다. "너 몰라보게 변했구나!"라는 말은 지난 방학이나 휴가 때 유능한 성형외과 원장님을 만나서 외모가 몰라보게 바뀌었다는 뜻일 것입니다. 아니면 훌륭한 사업 수완을 발휘해서 돈을 더 많이 가진 부자로 바뀌었다는 말이겠지요. 우리의 존재를 좀 더 풍요롭게 변화시켜 주는 꾸준한 독서, 마음의 공부, 인격의 수양을 통해 좀 더 깊이 있는 인품을 갖춘 인간으로 성장한 데 대하여 '사람의 변화'라는 말을 쓰는 사람이 있습니까? 요즘에는 그런 사람을 통 만날 수가 없습니다.

마르코 복음서에서는 안식일에 회당에 들어가 놀라운 지혜와 통찰력으로 고향 사람들을 가르치시는 예수님을 만날 수 있습니다(마르 6,1-6 참조). 처음에 고향 사람들은 "저 사람이 어디서 저 모든 것을 얻었을까? 저런 지혜를 어디서 받았을까? 그의 손에서 저런 기적들이 일어나다니!" 하면서 예수님의 권위에 찬 가르침에 놀라워했습니다. 그들이 그다음에 보인 반응은 참으로 흥미롭습니다. "저 사람 목수 아니야?" 어디서 목수 나부랭이가 나와서 회당에서 가르침을 줄 수 있느냐는 반응입니다.

고향 사람들이 보기에는, 목수의 아들로 태어나서 노동자로 내내 살던 사람이 어디론가 사라졌다가 어느 날 갑자기 가난한 어부들 몇몇을 끌고 고향에 나타나서 회당에서 가르치다니, 말이 안 됩니다. 그분의 지혜가 놀랍도록 깊고 심오하더라도, 가르치는 직분에 합당한 외적·사회적·경제적 신분 상승도 없이 그대로 목수인 채로 고향 회당에서 가르칠 수는 없다고 보는 것입니다. 고향 사람들은 예수님이 때가 되어 구원자로서의 공생활을 시작하신 이후 그분의 존재 안에서 일어난 신적·내면적·본질적 변화를 볼 수 없었을뿐더러 보았더라도 인정하고 싶지 않았습니다. 내면적이고 본질적인 변화를 인정하지 않는 곳에서 예수님은 당연히 아무런 기적도 행하실 수 없었고요.

현상과 본질에 대한 우리 시대의 경박하고 피상적인 인식을 대표하는 것은 황금만능주의와 외모 지상주의입니다. 그러한 인식의 틀 안에서 예수님은 과연 어떤 기적을 행하실 수 있을까요? 겉으로 보이는 당신을 바꾸기 위해 기울이는 노력의 십 분의 일, 아니 백 분의 일이라도 당신의 내적이고 본질적이며 존재적인 차원의 변화를 위해 마음을 기울이십시오. 좋은 책을 손에서 놓지 마십시오. 눈을 감고 조용히 벽을 보고 앉아서 당신의 내면을 들여다보십시오. 당신은 누구입니까?

# 시간의 밖으로 뛰쳐 나가라

"인생은 나그네 길, 어디서 왔다가 어디로 가는가?" 세월이 흘러가는 것이 얼마나 빠른지 그 아찔한 속도감에 어지러움을 느낄 정도입니다. 올해도 벌써 여덟 달이라는 시간이 흘러가 버렸습니다. 인생은 어디서 와서 어디로 가느냐고 묻던 옛 가수의 구수한 목소리가 생각나는 요즘입니다. 방금 제가 여덟 달이 '흘러갔다, 지나갔다'는 표현을 썼는데요, 과연 시간은 어디서 '와서' 어디로 '가는' 걸까요? 흔히 '과거로 흘러갔다'라는 표현을 써서 말하니 정말로 시간은 미래에서 와서 과거로 가는 걸까요? 아니면 과거로부터 와서 미래로 흘러가는 걸까요?

물리적 시간을 설명하자면 '빅뱅'이라고 일컫는 최초의 대폭발 이후에 생긴 빛이 흘러가는 거리가 시간입니다. 굳이 설명을 하자면 물리적 시간은 과거에서 오늘을 지나 미래로 흘러가고 있는 것입니다. 이 말은 우리가 1초에 약 30만km의 속도로 달리는 빛과 똑같은 속력으로 날아갈 수만 있다면 우리는 '영원한 현재'에 머무를 수 있다는 뜻입니다. 성서적 시간의 개념도 마찬가지입니다. "한처음에En el principio 하느님께서 하늘과 땅을 창조하셨다."(창세 1,1) '한처음'이라는 말은 '시간의 맨 처음'이라는 뜻이니 시간은 처음부터 지금을 거쳐 나중을 향해 흘러가는 것이라고 이해하는 것이 옳습니다. 물론 시간을 만드신 하느님은 '시간의 밖', 영원에 계시는 분입니다.

어찌됐든 중요한 사실 한 가지는, 우리가 빛의 속도 이상으로 날지 못하는 현실을 감안할 때 우리는 '지금'이라는 시간 안에서만 실제적으로 존재할 수 있다는 것입니다. 오로지 '지금과 여기'라는 시공간 안에서만 실제적으로 무엇인가를 이룩할 수 있습니다. 하지만 이 말이 뜻하는 바가 '지금'만이 이토록 중요하고 과거와 미래는 전혀 중요하지 않다는 뜻이 아닙니다. '과거에 대한 기억'이 축적되지 않고 매일 단순 반복되는 지금, '미래에 대한 기대'가 우리에게 주는 선취적 희망이 없는 지금이 우리 인생에 어떤 의미가 있겠습니까? '지금'이라는 시간의 중요성은 '과거에 대한 기억'과 '미래를 향한 기대'와 함께 비로소 생각할 수 있습니다.

복음에서 예수님은 "내 살을 먹고 내 피를 마시는 사람은 영원한 생명을 얻고, 나도 마지막 날에 그를 다시 살릴 것이다. 내 살은 참된 양식이고 내 피는 참된 음료다."(요한 6,54-55)라고 선언하십니다. 요한 복음의 이 구절은 다른 공관 복음이 전하는 최후의 만찬에서 성찬례를 제정하시는 부분과 맞물립니다. 우리가 성찬의 전례를 거행하면서 가장 명심해서 새겨들어야 할 부분은 바로 이 말씀입니다. "너희는 나를 기억하여 이를 행하여라."(루카 22,19)

성찬의 전례는 과거 예수님께서 최후의 만찬에서 우리에게 주신 최후의 유언을 '기억'하여 현재화aggiornamento하는 것입니다. 여기서 '기억conmemorazione'이라고 번역된 그리스어 '아남네시스 ἀνάμνησις'는 단순한 기억을 넘어서 그 과거의 기억을 바탕으로 지금 재현하는 기념의 뜻까지 담겨 있습니다. 또 성찬의 전례는 그리스도의 살과 피를 마시고 참여하게 될 '새롭고 영원한 계약', 즉 영원한 생명에 대한 '기대'의 현재화입니다. 거룩한 성찬의 전례 안에서 우리는 미래에 성취할 영원한 계약을 '선취'합니다. 최후의 만찬과 부활의 영원한 생명이 지금, 여기서 함께 만나 현재화되는 신비! 이것이 성찬의 전례입니다.

우리는 거룩한 성찬의 전례를 거행하면서 물리적인 시간의 밖으로 뛰쳐 나가야 합니다. 물리적인 시간의 밖에서 과거 최후의 만찬을 행하시는 예수님과, 그리고 미래에 부활의 때에 해후하게 될 부활의 예수님을 '영원'에서 만나야만 합니다. 성찬의 전례에 참여하는 것은 하느님의 영원성에 참여하는 것입니다. 그래서 성찬의 전례를 '신앙의 신비Misterium Fidei'라고 합니다. 참으로 믿고, 그 믿음을 실천에 옮기는 사람들에게 일어나는 신비입니다. 그래서 "이 성찬에 초대받은 이들은 복되도다!"라고 하는 것입니다.

# 거선지

얼마 전 새로 부임한 콘코르디아 본당에서 처음으로 성주간을 지낼 때의 일입니다. 한낮의 기온이 40도를 오르내리는 불볕더위 속에서 성주간을 지내야만 했었는데 엎친 데 덮친 격이라더니 예고도 없이 갑자기 사흘이나 단수가 되었습니다. 한번 상상해 보세요. 그냥 가만히 앉아서 숨 쉬기만 해도 힘든 무더운 날씨에 성주간의 그 수많은 전례를 물도 없이 거행해야만 했을 고통을 말입니다. 오전 9시에 시작한 십자가의 길은 본당 구역 곳곳에 마련된 각 처마다 지원자가 나서서 다음 처까지 십자가를 지고 행렬하는 형식이었는데 날씨가 워낙 더워서 그랬는지 10처에서는 지원자가 선뜻 나서지를 않았습니다. 그 순간 갑자기 모든 신자들이 마치 약속이나 한 것처럼 본당 신부를 물끄러미 바라보는데 '키레네 사람 시몬'의 마음을 절절하게 느끼며 십자가를 질 수밖에 달리 도리가 없더군요.

그렇게 10처에서부터 십자가를 지고 터벅터벅 길을 걸었습니다. 그런데 본당 신자들이 십자가의 길이 극적인 효과를 거두는 데는 본당 신부가 계속해서 십자가를 지고 걷는 것이 좋겠다는 전례적·사목적 판단을 내렸던 것인지, 저는 결국 그날 14처가 끝날 때까지 거의 한 시간 동안 실제 크기와 무게의 십자가를 지고 걸어야만 했습니다. 정오가 되어 십자가의 길을 마치자마자 얼른 씻고 싶다는 생각밖에는 달리 아무 생각도 들지 않았습니다. 하지만 단수가 된 수도꼭지에서는 물 한 방울 떨어지지 않았습니다.

그렇게 땀으로 멱을 감은 것처럼 흠뻑 젖어 있는 몸을 수건으로 닦아 낼 수밖에 없다는 것이 최악일 줄 알았는데 그것이 이틀이 되고, 사흘이 되니 화장실을 사용하는 문제가 더 심각한 것이었습니다. 물이 나오지 않으니 수세식 화장실은 그림의 떡이었습니다. 하필 그때 저를 찾아왔던 조카 가브리엘이 중얼거리던 말이 재밌습니다.

"와! 삼촌 정말 고생하고 사시네요. 못 먹고, 못 씻고 사는 것까지는 좋아요. 하지만 사람이 급할 때 똥은 싸고 살아야지 왜 이렇게 사세요?"

그야말로 주님의 고통을 조금이나마 온몸으로 체험하며 지낸 아주 '찐한' 성주간이었습니다.

도대체 물이 없으니 사람이 살 수가 없더군요. 인체에서 물이 차지하는 비율은 약 70% 정도라고 합니다. 그리고 사람은 매일 1.5~2리터 이상의 물을 다양한 형태로 섭취해야 건강한 몸을 유지하는 데 좋다고 하지요. 물을 한 방울도 마시지 않은 상태로는 이틀만 지나도 혼수상태에 빠지게 되고, 일주일이 되기 전에 죽음에 이르게 된답니다. 저는 이번 성주간을 보내며 '물이야말로 생명이구나!' 하고 감탄할 수밖에 없었습니다.

인간과 천하 만물이 살아가는 데 물이 이토록 중요하다 보니 옛 성현들도 물을 통하여 많은 가르침을 전해 주고 있습니다. 그 대표적인 가르침이 바로 노자 8장에 나오는 '상선약수上善若水'라는 가르침입니다. 노자 8장은 이렇게 시작합니다.

"상선약수上善若水 수선이만물이부쟁水善利萬物而不爭 처중인지소악處衆人之所惡 고기어도故幾於道"

'선善'은 명사로도 쓰이고 '잘하다'라는 형용사로도 쓰이므로 위의 문장을 해석하면 대충 이런 뜻이 됩니다. '최상의 선은 물과 같다. 물은 만물을 이롭게 잘하면서도 다투지 않고, 사람들이 싫어하는 곳에 처하기를 잘한다. 그러므로 도와 가깝다.'[4] 과연 물은 만물에게 생명을 주며 이롭게 하지만 아무것도 차지하려 다투지를 않고 사람들이 자리하기 싫어하는 낮은 자리만을 찾아서 흘러가니 최상의 선이요, 최고의 도를 닮은 모습이라 하지 않을 수 없습니다. 이 구절은 예수님의 가르침과도 뜻이 상통합니다. "누구든지 자신을 높이는 이는 낮아지고 자신을 낮추는 이는 높아질 것이다."(루카 18,14)

"거선지居善地 심선연心善淵 여선인與善仁 언선신言善信 정선치正善治 사선능事善能 동선시動善時 부유부쟁夫唯不爭 고무우故無尤"

'물은 낮은 땅에 거하기를 잘하고, 깊이 있게 마음 쓰기를 잘하고, 다른 사람과 더불어 어질기를 잘하고, 믿음직하게 말하기를 잘하고, 안정되게 다스리기를 잘하고, 능력 있게 일하기를 잘하고, 때를 맞추어 움직이기를 잘하지만 다투지는 않는다. 그러므로 허물이 없다.' 노자는 최고의 선으로서의 물이 주는 가르침 가운데 하나로 '거선지居善地', 즉 '낮은 땅을 향해 흘러가 머무는' 것을 꼽습니다. 이 역시 주님의 마음을 통하여 똑같은 가르침을 얻을 수 있습니다. "'스승님께서는 하고자 하

---

[4] 제 짧은 한문 실력으로 중국 고전을 해석하기에는 부족함이 있어서 여러 전문가들의 해석을 참고한 뒤 최대한 직역을 했습니다.

시면 저를 깨끗하게 하실 수 있습니다.' 예수님께서 가엾은 마음이 드셔서 손을 내밀어 그에게 대시며 말씀하셨다. '내가 하고자 하니 깨끗하게 되어라.' 그러자 바로 나병이 가시고 그가 깨끗하게 되었다."(마르 1,40-42)

스페인어 표현에서 '가엾게 여기다', '측은하게 여기다'라는 동사는 '콤파데세르compadecer'입니다. '함께'라는 뜻을 가진 '콤com'과 '고통을 받다', '괴로워하다'라는 뜻을 가진 동사 '파데세르padecer'가 합쳐져 만들어진 합성어이지요. 그러므로 '함께 고통을 받다', '함께 괴로워하다'라는 의미를 나타낸다고 할 수 있습니다. 곧 가엾게 여기는 마음, 측은하게 여기는 마음의 진정한 뜻을 잘 표현해 주고 있는 말이라고 생각합니다.

주님께서 나병 환자를 향하여 느끼신 '측은지심'은 괴로워하고 고통받는 사람에게 다가가서 어설픈 위로를 건네는 것이 아닙니다. 그들에게 나 자신이 느끼는 평상심으로 올라오라고 하는 것이 아니라, 아무런 말 없이 상대가 느끼는 고통과 괴로운 마음으로 내려가서 공감하는 것입니다. 이와 같이 측은한 마음은 '아래로 내려가는 마음'입니다. 한낮에 중천에 떠 있던 태양도 때가 되면 아무런 미련도 없이 지평선 저 너머로 내려갑니다. 그러고 보면 비단 물뿐만 아니라 자연의 모든 것은 소리 없이 아래로, 아래로만 내려갑니다. 측은한 마음은 나병에 걸려 괴로워하고 신음하는 사람의 처지에까지 내려가서 함께 공감하는 예수님의 마음입니다. 하느님이 사람이 되신 강생의 마음입니다.

오르는 것보다 내려가는 것이 쉬운 법입니다. 고통받고 괴로워하는 형제와 공감할 수 있는 방법은 그의 마음으로 내려가는 것입니다. 예수님은 나병 환자를 가엾이 여기시어 그의 괴로움과 고통으로 내려가셨습니다. 그러니 저도 예수님을 따라서, 자연의 이치와 물의 가르침을 따라서 자꾸만 내려가야 할 것입니다. 물론 내려가는 것은 지극히 쉽고 자연스러운 일이라서 두려워할 필요가 없습니다. 그런데 그동안 오르는 것만을 선이라고 믿고 살아왔기에 저 자신도 모르게 자꾸만 이를 두려워하게 됩니다. 그러니 이를 두려워하지 않으려면 저 자신을 몇 번이고 다스려야 합니다.

물처럼 겸손하고, 깊이 있고, 타인을 어질게 대하고, 자기가 한 말에 대해 책임 있게 행동하고, 안정된 다스림과 일에 대한 능력을 갖춰 행해야 할 때를 알면서도 다투지 않고 살아간다면 어찌 허물이 있을까요? 항상 뜨거운 나라에서 선교사로 살아가면서 물의 소중함을 온몸으로 깨닫는 시간을 보내다 보니 저절로 물의 가르침을 따라 겸손한 마음과 자세로 살아가겠다는 생각이 듭니다. 그러한 사제 서품 때의 첫 마음으로 돌아가고 싶은 열망이 마음속에서 꿈틀거리게 됩니다. 자꾸만 아래로 내려가면서 살아 있는 모든 것에게 생명을 나누어 주는 주님처럼, 물처럼 그렇게 살고 싶습니다. 저도 그렇게 자꾸 아래로 내려가 생명의 복음을 전하는 선교 사제로 살다가 하느님 품으로 돌아가고 싶습니다.